ScuolainCanto
présente

CENDRILLON

De Gioacchino Rossini

RACONTÉE PAR
NUNZIA NIGRO

EuropainCanto

Europa InCanto

Fondatrice de Europa InCanto et
Auteure du livre
NUNZIA NIGRO

Direction artistique et musicale
Création et réalisation de l'APP
GERMANO NERI

Illustrations
FRANCESCO GASTON

Traduction française
MIREILLE MORLUPI

CENDRILLON

TABLE DES MATIÈRES

CENDRILLON

L'HISTOIRE

PRÉAMBULE

*Notre histoire est un peu différente des autres.
C'est une Cendrillon spéciale, car
de nombreux personnages se déguisent
pour ne pas être reconnus et se présentent sous une autre identité.
A la place de la si vilaine marâtre nous trouvons un bien méchant
beau-père, qui parfois semble amusant
dans sa maladresse. A la place de la fée, bonne marraine,
nous avons un sage qui
réussit comme par enchantement à résoudre tous les problèmes.
Et que dire des deux demi-sœurs perfides? Toujours prêtes à paraître
les plus belles et les plus charmantes, mais l'on sait que la vraie beauté
provient du cœur et leur cœur n'était pas pur.
Il n'y a qu'un grand geste d'amour qui pourra les guérir et
redonner la sérénité à nos deux petites pestes…
Mais voyons ce qui va se passer…*

Il y a longtemps, très longtemps, quand les jeunes filles portaient des habits ornés de broderies, de dentelles et de crinolines, quand le soir, l'on racontait dans les maisons, à la lumière des chandelles, des fables et des légendes, quand personne n'aurait jamais pensé à des objets comme le téléphone ou la télévision, dans un pays lointain vivaient trois jeunes filles, Clorinda, Tisbé et Angelina deux un peu laides et maladroites et une autre très belle.

Les trois jeunes filles habitaient dans une demeure qui jadis avait été l'une des plus somptueuses de la ville, le palais du baron, mais le maître des lieux, le baron Don Magnifico, les années passant, était devenu toujours plus pauvre ; il avait dépensé et dilapidé tout son patrimoine et désormais son palais tombait littéralement en ruine.

Cependant il se donnait encore de grands airs, il se croyait encore important et pour être servi et révéré il avait obligé sa fille adoptive, une des trois demoiselles qui vivaient sous son toit, mais la plus belle des trois, à lui servir de servante.

A la mort de sa mère, la deuxième épouse de Don Magnifico, Angelina avait été reléguée à la cuisine, parmi les fourneaux et les cendres de la cheminée et c'est pour cette raison que ses deux demi-sœurs, Tisbe et Clorinda, lui avaient attribué le surnom de Cendrillon.

En vérité les deux filles de **Don Magnifico**,
gauches, disgracieuses et présomptueuses,
avaient toujours traité
de haut la pauvre **Cendrillon**,
envieuses de sa beauté,
de son comportement et de la bonté de son âme.
Qualités qui leur manquaient
complètement. Mais **Cendrillon**
était une jeune fille douce et gentille qui
essayait, malgré tout, de satisfaire
les caprices et les idées farfelues de
Don Magnifico
et de ses filles.

Et tandis qu'elle balayait, rangeait et reprisait, elle rêvait de rencontrer un jour son prince charmant… Cependant, un évènement allait se produire et bientôt toutes leurs vies seraient chamboulées pour toujours.

Trace 1
Una volta c'era un Re

Ils lui avaient immédiatement ordonné de s'occuper de la maison, de nettoyer, de balayer et de cuisiner toute la journée.
Ses habits n'étaient que des haillons.
Pour tout maquillage ou rouge à lèvres : la cendre et la poussière.

1

La demeure de Don Magnifico n'était plus désormais adaptée à recevoir des hôtes. Les escaliers étaient vétustes, les murs décrépis, les meubles avaient été vendus. Il n'y avait que les chambres des demi-sœurs qui n'étaient pas touchées par le délabrement qui régnait dans le vieux palais. Dans leurs appartements il y avait de tout : habits, bijoux, chaussures, sacs, chapeaux, maquillage et parfums.

Chez Don Magnifico les journées commençaient ainsi: Cendrillon se levait dès l'aube, elle allumait le feu dans la cheminée et préparait le petit déjeuner pour tout le monde. Puis elle commençait le ménage et rangeait toute la maison. Ensuite elle préparait les habits pour ses demi-sœurs et pour son beau-père: elle repassait les jupons, les chapeaux, les broderies et les dentelles. Elle amidonnait les cols et cirait les chaussures. Don Magnifico dormait tranquillement dans ses appartements jusqu'à ce que le soleil soit haut dans le ciel et que tous les coqs du voisinage aient cessé de chanter depuis un bon moment.

Ses deux filles, Clorinda et Tisbé, affrontaient la terrible aventure de la journée : choisir l'habit qu'elles porteraient, se maquiller, se parfumer et se mettre à la recherche d'un mari.

D'un ton hautain et insolent elles appelaient continuellement Cendrillon.

C'était le refrain que l'on entendait tous les matins dans cette maison.

Même si les immenses miroirs qui trônaient dans leurs appartements étaient continuellement nettoyés et dépoussiérés (par Cendrillon), les demi-sœurs continuaient à voir en reflet l'image de deux jeunes filles maladroites et sans grâce, aux traits grossiers et aux cheveux ébouriffés.

Les crèmes, les pommades et les onguents, les habits précieux et les bijoux, les poudres et les rouges à lèvres n'y pouvaient rien. Par contre, Cendrillon, vêtue uniquement de haillons et couverte de suie, était très belle avec son sourire lumineux et resplendissant.

Elle avait des cheveux souples et très longs et sa silhouette était charmante.

Et ceci était de plus en plus source d'envie et de jalousie chez ses demi-sœurs qui ne rataient aucune occasion pour l'humilier et la mortifier.

Et malgré tout ce remue-ménage, le matin, Don Magnifico continuait à dormir et à ronfler bruyamment.

2

Par un joli matin de printemps, alors que dans la maison
régnait la confusion habituelle,
quelqu'un frappa à la porte.
L'air était encore piquant,
mais sentait déjà les fleurs et la rosée.
Les hirondelles étaient de retour sur les toits.
Mais jamais personne n'avait frappé
à cette heure-là à la porte de Don Magnifico.
Qui était-ce ? Et que voulait-on ?

Naturellement aucune des deux sœurs ne daigna aller ouvrir. C'est Cendrillon qui s'en occupa comme à l'habitude. Elle se trouva nez à nez avec un pauvre mendiant qui venait demander quelque chose à manger. ***(En vérité il sera l'un des plus importants personnages de notre histoire, intelligent, mystérieux et même un peu magicien.)***

C'était le Sage de la cour, le Conseiller du Prince, le Philosophe Alidoro. Déguisé en vagabond il se promenait dans tout le royaume à la recherche d'une jeune fille belle, bonne et sage, digne de devenir l'épouse du jeune Prince et de régner à ses côtés. Mais ceci personne ne pouvait le savoir.

Cendrillon, prise de compassion, invita tout de suite le pauvret à entrer et à se réchauffer auprès du feu, pendant qu'elle s'affairait déjà pour lui offrir ce qu'elle pouvait : des habits propres et quelque chose à se mettre sous la dent.

Naturellement les demi-sœurs eurent une réaction bien différente.

Elles le chassèrent sans pitié, le traitant avec dédain et dégoût et elles lui ordonnèrent de quitter les lieux immédiatement.

SUR LE CHAMP!

Elles ne l'écoutèrent même pas une minute.

"S'il vous plaît un peu de charité!"

C'était tout ce qu'Alidoro

demandait. Mais elles, rien,

insensibles.

"Mendiant, va-t-en".

"Hors d'ici".

hurlaient-elles et braillaient-elles.

Par contre Cendrillon,

en cachette,

lui offrit du café tout juste fait

et une tranche de pain grillé.

«Voici un peu de douceurs »

lui dit-elle avec le sourire.

Et à ce moment-là on entendit

un grand vacarme provenant

de la rue...

En ce temps-là, il arrivait que le Prince organise,
pour diverses occasions, de grands bals de cour.
Et très souvent il envoyait ses cavaliers dans les
demeures aux alentours pour inviter les dames
et les jeunes filles nobles du royaume.
Le cortège frappait à la porte, les cavaliers
entraient et invitaient solennellement
les dames au château, au nom de Sa Majesté le Prince.
A partir de ce moment, dans ces maisons la tranquillité n'existait plus.
On ne parlait plus que
d'habits, de coiffures, d'accessoires et de bijoux.

TRACE 2
O FIGLIE AMABILI

Et ce matin-là un imposant cortège de cavaliers, se présenta ainsi au palais de Don Magnifico.

Alidoro n'était pas encore sorti de la maison qu'une grande nouveauté se produisit.

A la vue de tous ces cavaliers le comportement des demi-sœurs changea immédiatement. Rudes et hautaines avec le sage Alidoro car elles le prenaient pour un mendiant, gentilles et charmantes avec les cavaliers car c'étaient des nobles et des personnages importants.

Rien que de penser à cette invitation leur excitation était à son comble !!!

Mais les cavaliers étaient là aussi pour annoncer que le Prince cherchait une épouse. Durant le bal il choisirait la plus belle et la plus sage jeune fille de la fête et il lui demanderait de devenir sa femme. Tisbé et Clorinda étaient folles de joie! Et très probablement, continuèrent les cavaliers, le Prince viendrait en personne, bientôt, pour les inviter personnellement au bal.

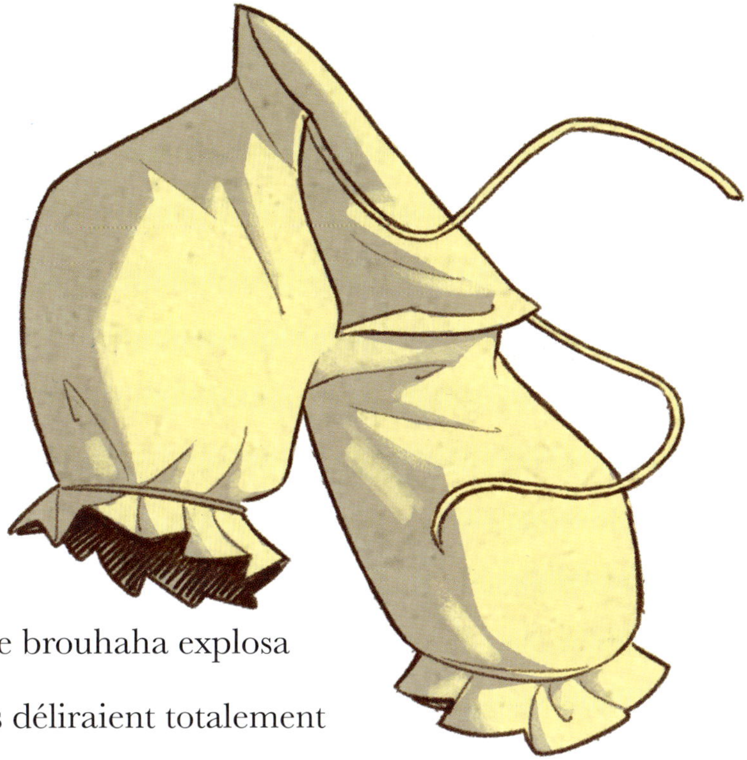

Comme s'il y en avait besoin…

A partir de ce moment un terrible brouhaha explosa dans la demeure. Les demi-sœurs déliraient totalement en proie à une frénésie incontrôlable.

"Cendrillon, viens ici."

"Cendrillon, va là-bas."

"Cendrillon, monte là-haut."

"Cendrillon, descends !"

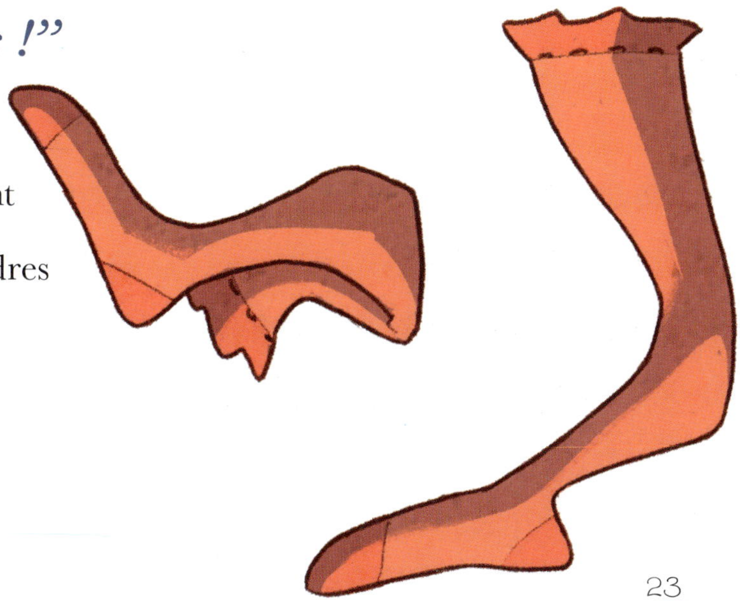

Elles hurlèrent continuellement durant toute la journée, uniquement pour le plaisir de lui donner des ordres et de l'épuiser.

Trace 3
Cenerentola vien qua...

"Cendrillon, mon habit pour les fêtes."

"Cendrillon, mon collier."

"Cendrillon, mes chaussures pour le bal."

Elles ne songèrent pas même un instant à demander à Cendrillon de retirer ses haillons, d'emprunter un de leurs habits, de s'habiller et d'aller elle aussi à la fête.

Non! Cela ne leur passa absolument pas par la tête, à aucune des deux.

Pendant ce temps Alidoro, qui était encore dans la maison à cause de ce remue-ménage, avait déjà compris la véritable nature des trois jeunes filles et laquelle des trois serait la jeune fille parfaite pour son cher Prince.

"Cendrillon le peigne, la brosse, les perruques, les crèmes, les parfums, les paillettes, les rubans, les rouges à lèvres, les broderies, les capes, les manchons."

De quoi d'autre avaient-elles besoin?

4

Tout ce remue-ménage perturba le sommeil

du maître de maison

l'illustrissime (et bouffe) Don Magnifico

qui, malgré tout,

dormait encore béatement.

Père des demi-sœurs et beau-père de Cendrillon.

“Père, père” piaillèrent les deux sœurs. “Une nouvelle incroyable. Vite, réveillez-vous, ce n’est pas le moment de dormir.

Le Prince nous a invitées au bal du château.

C’est le premier bal de la saison !!” dit Tisbé.

“Bientôt le Prince viendra en personne pour choisir sa future épouse. Une jeune femme à la hauteur de ce rang. Ici, ici, dans notre propre maison !

L’une d’entre nous. L’une de tes filles montera sur le trône !!” dit Clorinda.

Don Magnifico, ayant compris la nouvelle, commença lui aussi à s’agiter. Tout devait être prêt pour l’arrivée du Prince.

Et il y avait beaucoup à faire.

Allez vous préparer,
Allez vous habiller,
Allez vous maquiller!!!

Et tout le monde courut dans ses appartements, inquiets de ne pas être prêts à temps, habillés et parfumés comme il se devait pour le grand moment. Il n'y avait que Cendrillon qui n'accordait aucune importance à ce qui arrivait, et elle continua à accomplir, tout en chantant, son travail. Comme à l'habitude, comme toujours.

Pendant ce temps, un autre personnage était arrivé au palais, un jeune homme de bel aspect portant des vêtements de page. Toutefois à ce moment-là dans la salle principale de la demeure il n'y avait plus personne… Ce jeune homme n'était autre que le Prince Ramiro, déguisé en page, qui avait excogité ce stratagème avec Alidoro : entrer dans les maisons des jeunes filles du royaume, déguisé en serviteur, et annoncer l'arrivée du Prince (naturellement ce ne serait pas lui, mais quelqu'un d'autre se faisant passer pour lui…) pour voir la réaction des jeunes filles. Il n'y a qu'en agissant ainsi qu'il comprendrait si la jeune fille avait un cœur pur et une âme noble, jeune femme parfaite pour devenir son épouse. Un plan vraiment ingénieux.

Juste à cet instant Cendrillon rentra dans la salle portant un plateau de tasses et de théière qu'elle devait ranger et, à la vue d'un inconnu elle sursauta. **Quelle peur !**

Elle qui pensait que tout le monde était parti.

Sans le vouloir, elle fit tomber le plateau avec toutes les tasses et les soucoupes ! Mais une fois la surprise passée, entre eux deux, dès le premier

regard, jaillit une étincelle spéciale et leurs cœurs commencèrent à palpiter. Tous deux comprirent qu'il y avait quelque chose de spécial entre eux et que leur rencontre ne resterait pas sans suite.

Ramiro se reprit rapidement de ce tendre moment et s'enquit des filles du baron. "Je voudrais rencontrer les jeunes filles qui habitent dans ce palais." dit-il en regardant l'état délabré des murs et du mobilier.

De noble désormais ici il ne restait plus rien. Tout était reprisé, râpé, cassé, décollé, et des fastes passés on n'en avait même plus de souvenirs.

"Elles sont dans leurs chambres." répondit tristement Cendrillon, craignant encore une fois que toutes les attentions se reportent sur ses demi-sœurs et qu'elle doive abandonner son rêve de rencontrer l'amour de sa vie.

"Adieu mes espérances..." pensa-t-elle tristement.

"Elles sont dans les autres pièces ? Et donc, vous, qui êtes-vous ?"

demanda avec intérêt Don Ramiro. C'était bien elle qui avait allumé son cœur.

Ingénue et avec le cœur battant, Cendrillon fut confuse.

Elle ne savait pas bien expliquer sa position et son rôle au sein de la famille.

Mais cette simplicité et cette candeur firent enflammer encore plus l'âme du

Prince. “Oh ciel ! Mais cette jeune fille est vraiment charmante. Je suis conquis par sa douceur.” Et juste à cet instant, alors que les deux jeunes se regardaient tendrement droit dans les yeux, avec leurs cœurs qui battaient à l’unisson, voici que des voix disgracieuses commencèrent à hurler depuis les autres pièces de la maison. Il s’agissait de Clorinda, de Tisbé et de Don Magnifico.

«Cendrillon monte immédiatement !

Tu dois nous aiderà nous habiller et à nous coiffer.»

«As-tu repassé mes habits ? As-tu ciré mes chaussures de bal ?»

“Cendrillonnnnnnn !!!”

Et Cendrillon dut revenir sur terre et se reprendre de ce moment magique, elle salua tendrement le Prince et courut à l’étage supérieur.

Le Prince la suivit du regard.

Il était désormais éperdument amoureux ; mais comment était-il possible qu’une jeune fille si élégante puisse porter des haillons et vivre dans un palais en ruine ? Quelque chose clochait. Il voulait tirer ça au clair et comprendre de quoi il en retournait. Il resta donc au palais afin de connaître le Baron, et comprendre qui étaient réellement ses filles.

Il devait de plus annoncer l’arrivée du (faux) Prince, qui en réalité n’était que Dandini son serviteur.

L’histoire commençait à devenir intéressante…

Dès l’entrée de Don Magnifico, les doutes de Ramiro furent confirmés.

De noble cet homme n’avait vraiment plus rien !

“Quel bouffon ! Quel personnage déplaisant et agaçant !

Mais qui sait pourquoi Alidoro m’a assuré que la meilleure jeune fille du royaume était bien sa fille. Bizarre ! Nous verrons bien !”

5

Un solennel son de trompettes
annonça un personnage important.
Tous les cavaliers anticipèrent son arrivée
en déroulant un précieux tapis rouge depuis le carrosse
jusqu'à la maison de Don Magnifico
et en proclamant solennellement
que Sa Majesté Le Prince,
désormais en âge de prendre femme et donc
de chercher sa future épouse, faisait son entrée royale.

À cette annonce les demi-sœurs sortirent précipitamment de leurs chambres et se placèrent à côté de Don Magnifico. Pour rien au monde elles n'auraient raté ce moment-là.

Les portes s'ouvrirent et un grand silence envahit toute la demeure : tout le monde était anxieux de connaître le Prince, de pouvoir se présenter à lui et qui sait, peut-être bien sûr de monter sur le trône. Et voici qu'entra Dandini richement vêtu, avec à sa suite une multitude de cavaliers qui l'exhortaient à choisir son épouse.

Trace 4
Scegli la sposa affrettati...

En réalité il s'agissait, comme nous le savons bien, d'un serviteur de Don Ramiro, déguisé en Prince afin de confondre les jeunes filles et de pouvoir connaître de près leurs âmes respectives.

Dès qu'elles le virent, Clorinda et Tisbé commencèrent immédiatement à faire les coquettes, en faisant les yeux doux, en papillonnant et en essayant par

tous les moyens de se mettre en valeur et d'attirer son attention.
Dandini s'amusait énormément en voyant tout cela.
Aucune jeune fille n'avait jamais agi de la sorte à son arrivée : "Il suffit de se déguiser en Prince et voilà qu'elles tombent toutes à nos pieds, comme des mouches sur le miel !"
pensa-t-il bien diverti...De plus il commença à les aduler, leur faisant croire qu'elles étaient belles et irrésistibles.

QUELLE SITUATION AMUSANTE !

Ramiro, bien au contraire, continuait à regarder autour de lui, à la recherche de sa belle qui, totalement indifférente à la présence du Prince, était restée à la cuisine. “Mais où est-elle ? Où sera-t-elle ? Pourquoi n’est-elle pas là ? Peut-être qu’elle n’habite pas dans cette maison…” “Belles demoiselles allons”, disait pompeusement Dandini au même instant, en se donnant de grands airs de souverain. “Je veux vous emmener au palais. Don Magnifico, suivez-nous !” “Cendrillon apporte-moi immédiatement mon chapeau et ma canne.» ordonna le beau-père en hurlant, afin qu’on l’entende depuis la cuisine. “Emmenez-moi avec vous je vous en prie. J’ai entendu que vous alliez au palais royal. Faites-moi venir moi aussi !” supplia Cendrillon qui espérait ainsi rencontrer le page.

"Ne me laissez pas seule ici."

"Allez, va-t-en !"

"Je ne viendrais que pour une heure."

" J'ai dit va-t-en. Disparais."

"Une demi-heure au moins ?"

"Non !" "Un quart ?"

"Non, non et puis non !"

"Va-t-en vilaine servante ignorantissime !"

Et à cet instant Don Magnifico leva le bras avec rage pour repousser la jeune fille.

"Arrêtez-vous !"

hurlèrent à l'unisson Don Ramiro et Dandini qui, sans être vus, avaient assisté à toute la scène.

"Pourquoi parler de servante ? N'est-elle pas elle aussi une de vos filles ?"

"Dans un certain sens, mais je peux tout vous expliquer."

dit Cendrillon, mais Don Magnifico lui mit rapidement une main sur la bouche, la poussa, l'éloigna et commença à expliquer à sa place.

"C'est notre servante, de très basse extraction sociale qui, de plus, n'est bonne à rien. Mais par générosité nous la gardons quand même avec nous à la maison." mentit le beau-père avec cruauté. Don Ramiro tremblait de colère.

Il éprouvait quelque chose pour cette jeune fille et c'est pourquoi il ne supportait pas que l'on puisse s'adresser à elle de cette façon.

Peu importait l'extraction sociale de la jeune fille ou ses biens.

Servante ou noble cela n'avait aucune importance;

ce qui comptait c'était uniquement la noblesse de l'âme. Mais comment se faisait-il qu'une jeune fille aussi belle et délicate puisse être une domestique ?

Don Ramiro continuait à ne rien comprendre ...

Ce fut le sage Alidoro
qui résolut le problème car il savait
toujours à quel moment il fallait
intervenir.
Il ne portait plus ses habits
de mendiant, mais de précieux habits
de noble et une magnifique cape.
Fort de sa sagesse
il savait que Don Magnifico
ne disait pas toute la vérité...

"Arrêtez ! J'ai avec moi le **Code officiel des Vieilles Filles**, que m'a laissé en héritage le philosophe de la cour et que j'ai moi-même ajourné continuellement.

Il y a quelque chose dans cette histoire qui ne cadre pas. Ici, il est écrit clairement, que dans la maison de Don Magnifico vivent trois sœurs, et maintenant que le Prince doit choisir sa future épouse, je vous demande donc où se trouve votre troisième fille."

"Oh ! Mais ma pauvre fille est morte depuis longtemps."

dit le beau-père en feignant une expression triste sur son visage.

Don Magnifico quel menteur !!!

dit-il en poussant Cendrillon dans un coin et avec la

main levée il lui ordonna de se taire et de ne pas dire la vérité.

Sinon elle passerait un mauvais quart d'heure !

Don Magnifico quel mesquin !!!

Don Magnifico quel méchant !!!

En réalité personne n'avait cru un seul instant à ce qui venait d'être

dit. Alidoro avait cogité un plan sensationnel et pour le réaliser

il fit semblant de croire à Don Magnifico.

Et Ramiro lui aussi.

Ils acceptèrent donc les explications données et le laissèrent libre de se rendre

au palais avec le Prince, les jeunes filles, la cour, l'écuyer et les cavaliers.

Tous partirent.

Cendrillon était vraiment désespérée.

Elle courut pleurer dans sa chambre sur son avenir et sur son destin.

Pourquoi personne n'avait voulu l'emmener à la fête ?

Pourquoi l'avait-on laissée à la maison toute seule ?

Voilà à quoi elle pensait entre deux sanglots.

Alidoro revint lui aussi se changer.

Il reprit son vieux manteau de pèlerin et comme l'aurait fait une vraie fée, et de plus une marraine, il entra dans la chambre de Cendrillon et lui parla.

« Ma chère enfant, arrête de pleurer et suis-moi.

Je t'emmènerai au palais du Prince ;

tu y entreras comme tu le mérites, comme une grande dame. »

Puis il ôta son manteau et son vieux chapeau tout en lambeaux qui cachait son visage, dévoilant ainsi son vrai visage et son somptueux habit de Grand Sage du Royaume.

Un magnifique carrosse princier tiré par de superbes chevaux blancs à la tête ornée de panaches s'arrêta devant la porte de la maison.

Devant une telle splendeur, surprise, Cendrillon était restée sans paroles et avait naturellement cessé de pleurer.

Alidoro** et **Cendrillon

sortirent de la maison et montèrent dans le carrosse.
A l'intérieur de ce dernier une magnifique robe de bal attendait seulement d'être enfilée!

Elle n'en croyait pas ses yeux : elle en était restée bouche bée.

Elle ne réussissait même pas à s'expliquer tout cela.

Pendant ce temps au château

le plan de Ramiro avançait.

Dandini se libèrerait rapidement

de l'encombrant Don Magnifico

pour rester seul avec Tisbé et Clorinda

et connaître leurs véritables sentiments.

Mais s'en débarrasser ne serait pas chose facile,

à moins que Dandini ne réussisse

à susciter en lui quelque autre intérêt.

N'était-il pas amant du bon vin ?

Dans le jardin du château les deux demi-sœurs essayaient par tous les moyens de se faire remarquer par Dandini, quitte à s'offenser et à se dénigrer l'une l'autre.

Don Magnifico, amusé, contemplait la scène.

En réalité il montrait très peu d'intérêt pour celle qui serait l'heureuse élue.

Il suffisait que l'une des deux réussisse à monter sur le trône et toutes ses affaires seraient réglées.

Le Baron désormais, d'aristocratique, il n'en portait que le nom : les années passant il avait réussi à s'endetter jusqu'au cou et toutes ses propriétés étaient hypothéquées. De plus sa maison, nous le savons, tombait en ruine.

Un désastre !

Dandini voulait cependant rester seul avec les jeunes filles et grâce à une promesse il l'expédia dans les celliers royaux pour une inspection : si à la trentième dégustation des divers vins présents dans les caves, mis en fûts et en bouteilles, Don Magnifico réussissait à rester sobre, alors il serait immédiatement nommé Sommelier officiel.

Don Magnifico, qui considérait cette épreuve un jeu d'enfant, en entendant ces mots et ces promesses, en fut ravi de bonheur.

Il demanda à être immédiatement conduit dans les caves du palais pour commencer les dégustations et tandis qu'il s'y dirigeait il sautillait comme un gamin ! Les caves étaient très belles et bien entretenues. Tous les fûts étaient entreposés le long des murs tandis que les bouteilles, soigneusement étiquetées avec le nom du vin et l'année de la vendange, étaient alignées sur leurs étagères.

Puis il y avait des tables de dégustation, des fauteuils, des bureaux, le tout illuminé par des lampes à huile et à gaz de grande valeur.

TRACE 5
CONCIOSIACOSACCHÈ

A peine entré, Don Magnifico commença à savourer et à goûter tous les vins. Arrivé au trentième verre, comme l'avait promis Dandini, il se crut donc investi de droit du titre de **SOMMELIER OFFICIEL**

et il commença à se donner des airs de grand maître avec les serviteurs et avec le personnel responsable des vins. Il eut même l'idée de proclamer un édit à diffuser dans toute la région et obligea tous les présents à s'installer aux bureaux et à écrire de leur plus belle plume:

"Nous, Don Magnifico", (Il parlait de lui au pluriel, comme les Rois) "Duc et Baron du très antique duché de Montefiascone, ordonnons que désormais personne ne pourra plus couper le vin même avec une seule goutte d'eau".

"Et maintenant allez coller cet édit dans tout le royaume.

Nous, (toujours Nous !) nous nous occuperons, au contraire d'aller au déjeuner du Prince."

TRACE 6
IL PRANZO IN ORDINE ANDIAMO A METTERE

C'étaient ses préoccupations du moment.

6

Mais retournons au château

où Clorinda et Tisbé continuaient

à faire les précieuses et les maniérées avec Dandini.

Le plan de Ramiro fonctionnait.

Elles ne s'étaient aperçues de rien.

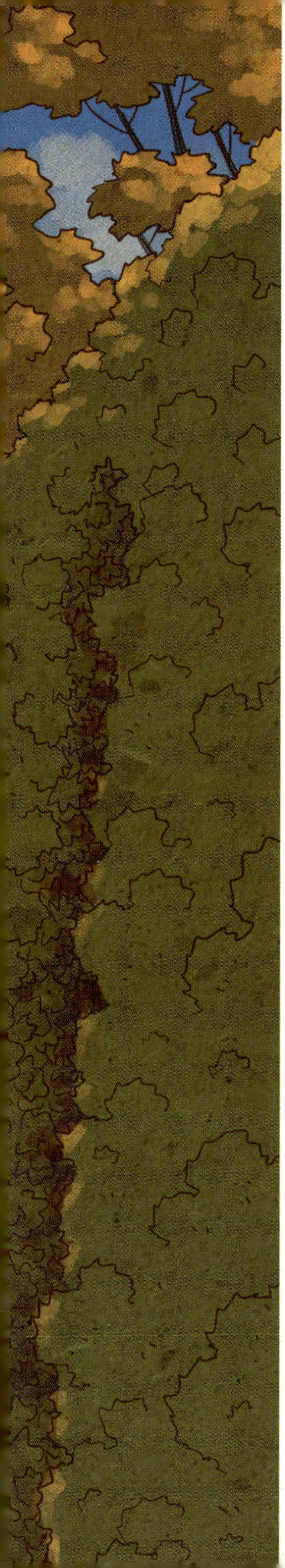

Mes chères demoiselles, dit à un certain point Dandini qui n'en pouvait plus de toutes ces courbettes.

"Nous ne pouvons plus continuer ainsi.

Je ne peux certes vous épouser toutes les deux, je me vois forcé à choisir et je n'en épouserai qu'une seule !"

"Et l'autre ?"

demandèrent en cœur les demi-sœurs, alarmées à cette idée.

Elles n'y avaient jamais pensé !

"Je la donnerai en mariage à l'un de mes chers amis.

C'est un brave garçon, sérieux, honnête et affectueux.

Mais il est pauvre et il n'est pas Prince comme moi."

dit Dandini en faisant signe à Ramiro.

Il riait déjà dans sa barbe pour le tour qu'il avait à peine joué.

TRACE 7
ZITTO, ZITTO, PIANO PIANO

"Avec un écuyer ??"
«Vous plaisantez ??"
"NON ! NON ! NON ! NON !"

"Mais moi je serai docile et tendre"

interrompit Ramiro jouant le faux timide.

"Non, Prince. Un écuyer absolument pas. Il n'est pas à notre hauteur."

répondirent les deux sœurs à **Dandini**, en regardant Ramiro avec mépris.

Et Clorinda ajouta : ***"Il a un cœur de roturier."***

Et Tisbé renchérit: ***"Il a un air quelconque."***

Et tandis que les jeunes filles faillirent s'évanouir, Dandini et Ramiro, amusés de s'être joué des deux pauvrettes, échangèrent un regard de connivence: c'était sûr qu'elles ne pouvaient absolument pas être retenues!

7

Dans la grande salle de bal
du Château tout était prêt.
Le dîner était servi,
les musiciens avaient déjà accordé leurs instruments,
les invités avaient été annoncés.
La fête pouvait commencer.
Et tandis que les invités pirouettaient
dans le salon au son de la musique,
voici que le sage Alidoro fit son entrée
et annonça l'arrivée d'une mystérieuse dame.

Messieurs, un moment d'attention. J'ai le plaisir de proclamer l'entrée dans la salle d'une splendide femme voilée. Une jeune femme d'une rare beauté et d'un raffinement inégalable. »

Tout le monde était surpris.

Désormais tous les invités étaient arrivés, le bal pouvait commencer.

L'orchestre jouait et les présentations avaient été faites. Attendait-on quelqu'un encore ? Bruissements de soie et tintements de verres prirent la place des notes de l'orchestre, révélant la nervosité et la curiosité qui s'étaient emparées de la salle.

Un bourdonnement de questions serpentait parmi les invités.

Les dames agitaient leurs éventails, les hommes savouraient leurs verres d'excellent champagne provenant des caves royales, avec une fausse indifférence,

mais tous frémissaient de curiosité.

Surtout les deux jeunes filles que nous connaissons…

« Une dame ? » demandèrent immédiatement les demi-sœurs, prises de jalousie dès l'arrivée de l'inconnue. Cette histoire pouvait prendre un mauvais tournant….

La nouvelle invitée faisait déjà parler d'elle avant même d'arriver dans la salle.

« Qui était-ce ? »

continuait-on à se demander.

« Sera-t-elle belle ? »

« Sera-t-elle élégante ? »

"Sera-t-elle à la hauteur pour participer à cette fête ?"

Ramiro et Dandini, ne connaissant pas le plan d'Alidoro,

étaient eux-mêmes anxieux.

Mais cette nouvelle inattendue leur plaisait.

Jusqu'à présent toutes les jeunes filles connues avaient été une terrible désillusion; le Prince ne pouvait absolument pas choisir l'une d'entre elles comme future épouse : une nouvelle jeune femme au palais permettrait de tout réévaluer et de tout reconsidérer.

Le temps pressait.

Les noces devaient avoir lieu le plus tôt possible sinon Ramiro ne pourrait régner et sa dynastie s'éteindrait pour toujours.

L'enjeu était vraiment très important.

Et c'est à ce moment qu'obéissant à un signe d'Alidoro, deux rangées de cavaliers se disposèrent le long des côtés de la salle pour permettre à la Dame Voilée de faire son entrée royale.

A la lumière de mille chandelles, entre les deux rangées de cavaliers qui s'inclinaient à son passage, voilà qu'apparut la mystérieuse « Dame Voilée ». C'était une jeune fille d'une beauté surprenante, avec le visage couvert d'un voile finement brodé et parsemé de fils d'or qui resplendissaient au reflet des multiples petites flammes.
Elle portait un magnifique habit de soirée, d'une incroyable élégance malgré son extraordinaire simplicité.
Jamais on n'avait vu de pareil habit. On aurait dit qu'il avait été tissé avec des rayons de lune et décoré avec des gouttes de rosée. On n'entendait pas une mouche voler parmi les invités, ils ne réussissaient même pas à dire un mot.
Dandini et Ramiro restèrent sans voix !
Que complotait notre bon Alidoro ?

La dame avançait avec élégance dans la stupéfaction et l'admiration générale ; d'une voix mélodieuse, douce et suave elle se présenta à sa façon.

"Bonsoir à tous. J'ai été invitée à cette fête même si je ne connais aucun d'entre vous. Il ya de nombreux nobles et cavaliers et l'on pourrait penser que je suis à la recherche d'un mari. Je vous affirme que non. Je suis une jeune femme très particulière, les fastes et les richesses ne m'intéressent pas : ce qui compte pour moi c'est le respect, l'amour et la bonté. Il n'y a que ces qualités qui pourront retenir mon attention, et comme vous pourrez l'imaginer, ce n'est pas un seul bal qui pourra me le consentir."

La dame tenait absolument à se présenter ainsi.

Pour elle c'était vraiment important.

Ce qui ne fit qu'augmenter la curiosité à son égard.

Elle n'était pas que très belle, mais pure aussi dans l'âme.

La jeune femme parfaite !

"Je vous en prie, dévoilez votre visage." dit Dandini.

rompant le silence général qui régnait encore de partout.

"Cette voix, je la connais. » pensa Ramiro dans son for intérieur.

"Et elle réveille l'amour dans mon cœur. Mais qui est cette jeune femme ?

Alidoro, où l'aura-t-il trouvée ?" "Oui, oui bien sûr ! Qu'elle se dévoile, au moins nous verrons le miracle de cette rareté" dirent les demi-sœurs avec une pointe de méchanceté, tourmentées par l'envie et la jalousie.

La dame comprit alors qu'il ne fallait plus attendre.

Elle prit lentement, délicatement les bords de son voile et doucement les leva révélant ainsi son magnifique visage.

"Ohhhh !"

Tant tout le monde était stupéfait, qu'ils ne réussirent qu'à dire cela. Un sentiment de surprise et d'émerveillement s'était emparé des présents. Dans la salle seul résonna cet unique : **Ohh !**

Un grand remue-ménage à la porte de service annonça le retour de Don Magnifico des caves royales. Il entra tout joyeux et plein d'assurance, enhardi par sa nouvelle charge et un peu éméché à cause des nombreuses dégustations de vin. Il était prêt à s'amuser et à faire la fête, quand…

"Que !?!"

"Co…. ????"

"Qui ?!?!"

"Oui ! Non !" balbutia-t-il dès qu'il apprit la nouveauté.

Il avait laissé ses filles toutes seules dans les jardins avec Dandini, prêt à choisir, parmi les deux, son épouse. Il s'attendait à revenir dans les salles du palais pour recevoir la bonne nouvelle et au contraire…"Qui est cette jeune fille ?" "D'où sort-elle, et pourquoi ?";

puis il pensa, peut-être un peu trop à voix haute: "Quand on parle des semblables…"

Et il prononça ce qu'avaient pensé tous les présents dans la salle, mais que personne n'avait eu le courage de dire: "Ne croirait-on pas Cendrillon ?"

Les deux demi-sœurs, filles de Don Magnifico, intervinrent pour minimiser l'histoire.

"Non, non, père, mais que dites-vous! Ne voyez-vous pas que celle-ci est bien plus raffinée ?

Qu'elle a des traits délicats ? il est vrai, qu'elle rappelle vaguement Cendrillon, mais cette dernière est maladroite, vulgaire, laide…"

"Vrai de vrai, et puis elle est toujours dans les cuisines, elle s'occupe de la suie, des brosses et des savons…"

“Elle n’est vêtue que de haillons…”
“Même s’il faut avouer qu’en la regardant de près de plus près, celle-ci n’est pas aussi belle que ça.” conclurent les demi-sœurs qui étaient sur le point d’exploser de colère et de verdir de jalousie.

Les doutes de Ramiro croissaient de plus en plus, mais son cœur disait la vérité. Ce fut le proverbial appétit de Dandini (qui ne voulait pas accorder trop d’importance à ce fait) à rompre les amarres.

“Messieurs il est l’heure de passer à table”.

“Il est l’heure de dîner.”

répondirent les présents.

En effet il était un peu tard et l’heure du dîner était un peu passée.

“Dégustons toutes ces bontés et puis nous reprendrons les danses proposa Dandini en levant son verre pour trinquer.

« Cette soirée devra être mémorable.

Et à la fin la plus belle du royaume deviendra mon épouse ! »

Tout le monde se dirigea vers la magnifique table somptueusement ornée de cristaux, de dentelles, de fleurs, de bonbons et de dragées. Des services en argent et en porcelaine offraient toutes sortes de bonté qui n’attendaient qu’à être dégustées.

Les meilleurs vins et les meilleurs sorbets avaient déjà été servis à chaque invité.

Le dîner pouvait commencer !

9

Tisbé, Clorinda et Don Magnifico étaient très inquiets.
Ils s'imaginaient déjà régner et se transférer au palais
et maintenant c'était tout le contraire :
leurs rêves risquaient de partir en fumée.
Quelle agitation !!!
Et puis, cette jeune femme ressemblait tant à Cendrillon !
Quel trouble! Quelle confusion !
Quel chamboulement !

“Mes filles, mes filles.” dit Don Magnifico à ses filles en les appelant à l’écart.

“Ceci dit en grand secret, en effet, avez-vous remarqué la surprenante ressemblance de cette jeune femme avec notre Cendrillon ?”

“On croirait deux gouttes d’eau.”

“Mais ce ne peut être elle. Elle n’a certes pas d’habit aussi précieux dans son armoire. Ah ah ah ah !!!” ricanèrent les demi-sœurs en pensant que tout la garde-robe de Cendrillon se résumait uniquement au vieil habit qu’elle portait habituellement, désormais en lambeaux et reprisé.

“Pensez au malheur que ce serait pour nous si l’on découvrait que j’ai dépensé tout son patrimoine laissé en héritage par sa mère, pour vous permettre de tenir ce train de vie ! Ah pauvre de moi si seulement le pensait…”

Don Magnifico n’avait jamais eu de scrupule pour son mauvais comportement à l’égard de la pauvre fille (fille de sa deuxième femme) et il avait investi tous ses biens pour consentir une vie de luxe à ses deux filles, peut-être pour compenser, avec habits et bijoux, la laideur de ces dernières par rapport à la beauté naturelle de Cendrillon.

“Mais père ne vous inquiétez pas. Le Prince n’a d’yeux que pour nous. Les autres jeunes femmes, il ne les regarde même pas.

“A moi il m’a dit ***Mon âme***”.

“A moi il fait les yeux doux et soupire dès qu’il est proche de moi”

Elles étaient totalement convaincues, pleines d’orgueil et d’arrogance, que seule l’une d’entre elles serait l’heureuse élue.

Et avec elles Don Magnifico, naturellement digne père de ses filles.

“Vous avez raison, mes chéries, prunelles de mes yeux.

L’une de vous accèdera au trône et moi je pourrai vivre comme un grand seigneur.”

En fin de compte c’était cela qui intéressait vraiment le Baron.

Et en riant, béats en pensant à leur prochain futur, continuant à rêver les yeux ouverts, les deux filles, oubliant ce qui s’était passé à la fête, se dirigèrent avec leur père vers le jardin.

Elles continuaient encore à se chamailler à propos de l’heureuse élue.

“Moi je serai la mariée.”

“Que dis-tu, s’il ne te regarde même pas !”

“Tu verras, tu te rendras à l’évidence…”

Dans le salon des fêtes Ramiro

portant encore les habits d'écuyer,

était partagé entre deux sentiments.

Son cœur palpitait pour la jeune femme rencontrée le matin,

mais la nouvelle dame l'avait aussi conquis.

Son âme était perturbée.

Et puis, quelle incroyable ressemblance !

Qui des deux était vraiment la jeune fille faite

pour être à ses côtés ?

Dandini, lui aussi, avait succombé à la beauté de la nouvelle venue et décida d'en faire la connaissance. Il la suivait et l'accompagnait partout où elle allait. Il semblait être son ombre, mais Cendrillon n'aimait pas toutes ces attentions et son habit royal ne suscitait en elle aucun sentiment particulier. Elle essayait au contraire de le tenir à distance, mais rien à faire, il était toujours là près d'elle et faisait le galant.

Ramiro naturellement l'avait remarqué et, les voyant venir, il décida de se cacher derrière un rideau. Il voulait absolument écouter ce que pouvaient se dire ces deux-là...

“Ne vous sauvez pas, je vous en prie !”

disait Dandini suivant avec difficulté la jeune femme à l’allure rapide.

“Ne me parlez pas ainsi et cessez de me suivre !

Que voulez-vous de moi ? Que vous soyez le Prince du château peu m’importe.

Je ne serai jamais votre épouse. Ne me suivez plus, s’il vous plaît !

Je suis amoureuse d’un autre et mon cœur ne bat que pour lui !”

“Et qui serait cet individu capable d’effacer la cour d’un Prince ?” demanda, surpris, Dandini. Il était vraiment ébahi.

Les demi-sœurs avaient fait tout le jour les frivoles pour attirer toute son attention, elles s’étaient chamaillées pour définir qui des deux serait la plus apte à devenir princesse et voilà que maintenant cette jeune fille, bien au contraire, le refoulait au nom d’un autre.

Que le monde était étrange !

“...Votre écuyer, Majesté !...”

Cendrillon pensait encore avec tendresse à la rencontre de ce matin.

A ces mots, Ramiro sentit un élan d’amour envers l’inconnue.

C’est lui qu’elle choisissait, pour ce qu’il était, pour ses façons et pour son aspect et non pour son titre !

Alors les jeunes filles au cœur pur existaient vraiment !
Il sortit immédiatement de derrière le rideau, fit un saut de joie et s'approcha de Cendrillon avec passion. Pour obtenir une ultérieure confirmation de ce qu'il avait à peine entendu, (il avait peut-être mal compris), il lui demanda: "Mais comment se fait-il que vous ne soyez pas tentée pat les richesses et le luxe ?"
"Votre cœur choisit l'amour au lieu des fastes du palais ?"
"Vous préférez un simple écuyer comme moi au Prince, un noble ?"

"Je vous en prie, répétez-le encore !"

"Certes, certes mon ami ! Moi, à tout ceci je préfère la vertu de l'âme et l'amour, le vrai, l'absolu que rien ni personne ne pourra jamais briser. Voilà les vraies richesses selon moi."
Et ainsi disant elle le regarda intensément droit dans les yeux.
"Alors vous m'épouseriez ? Voudriez-vous devenir ma femme ?"
Ramiro s'était agenouillé à ses pieds.
"Oui ! Sans le moindre doute, mais pas tout de suite !

Elle ne perdit même pas sa chaussure.
Elle disparut ; personne ne savait où elle était passée.

Je veux cependant que vous sachiez qui je suis vraiment et acceptiez ma condition et seulement après, finalement, nous pourrons nous marier et vivre ensemble pour toujours."

En disant ces mots, elle se retourna et s'éloigna.

Avant de s'échapper du grand salon du château, Cendrillon ôta de son poignet un de ses deux bracelets, parfaitement identiques, pour le donner à Ramiro.

"Cherchez la jeune fille qui en porte un identique à celui-ci et ainsi vous découvrirez qui je suis !"

Et tout en disant cela, elle dévala le grand escalier d'entrée suivie par Ramiro, étonné par la tournure des évènements, et elle disparut.

Comme ça, dans le néant. Sans une trace. Sans un indice.

11

Ramiro avait désormais décidé.

C'est elle qui deviendrait sa femme.

Il la retrouverait.

Quitte à la chercher dans tout le royaume !

Mon cher Dandini, mon plan est désormais terminé.
J'ai finalement trouvé la jeune fille idéale pour moi et pour le royaume.
Nous n'avons plus besoin de ces déguisements.
Moi je redeviens le Prince, et toi l'écuyer."
Et tandis qu'il parlait, Ramiro continuait à penser à la belle et mystérieuse jeune femme.
"Pense, avant de reprendre tes mansions habituelles, à renvoyer du palais toutes les pauvrettes que tu nous as apportées.
Tu pensais vraiment que ces pauvres mesquines auraient pu être à ma hauteur ? Et puis prépare-toi, je veux que tu m'accompagnes dans tout le royaume pour retrouver un bracelet identique à celui-ci !
Vite, vite. Préparez mon carrosse.
Je veux partir immédiatement à la recherche de ma bien aimée".
Rien d'autre ne comptait plus pour lui. Il devait la retrouver au plus vite !
À n'importe quel prix !

12

Dandini devait tenir compte désormais des derniers événements.
Tout en se promenant de par le splendide jardin,
à l'ombre de la lune parmi les fleurs les plus belles
et les lucioles qui voltigeaient dans l'air
comme dans une danse, il pensait à son futur.
Il devrait très bientôt abandonner tout cela.
Adieu riches habits et plaisant confort.
Adieu bonne chair et excellent vin.
Il fallait maintenant reprendre
sa vie misérable et triste de tous les jours.

Alors que Dandini était absorbé dans ces tristes pensées voici qu'arriva Don Magnifico, qui n'était au courant de rien et qui ne soupçonnait rien. Pour lui il était toujours le Prince et l'une de ses filles deviendrait bientôt son épouse. Voilà ce que savait Don Magnifico. "Excusez-moi pour mon insistance Monsieur le Prince. Pourrais-je me permettre, pour vous servir, de vous rappeler le choix entre les deux sœurs, mes filles ?"

"C'est fait, mon cher ami."

lui répondit Dandini, se référant à ce qui venait d'arriver.

"C'est fait ? Vous avez donc décidé ?

Donc une de mes chères filles s'installera dans votre château ?" dit Don Magnifico faussement timide.

"Pour le moment c'est tout un grand secret."

fut la réponse sèche de Dandini, inquiet pour son avenir.

Et puis il aimait bien laisser sur les charbons ardents cet ennuyeux Don Magnifico.

"Et laquelle, et laquelle ? Ma petite ***Clorinda*** ou ma petite ***Tibsé*** ? »

Mais notre Baron était bien impatient pour sûr.

Il ne tenait plus dans sa peau maintenant qu'il savait que le Prince avait pris sa décision.

"Allons, ne me faites pas attendre plus longtemps."

"Quelqu'un pourrait nous entendre ?" Dandini voulait maintenant s'amuser un peu et accroître le mystère avant la révélation définitive.

"Non, non, tranquille, nous sommes seuls. **Absolument seuls**."

"Bien. Alors asseyez-vous et mettez-vous à l'aise.

Je vais vous parler d'un cas très bizarre. Une chose insolite et inattendue."

"Oh ciel ! Ce n'est pas qu'à la fin il veuille m'épouser ?" Don Magnifico essayait d'être amusant, mais en réalité il commençait à s'inquiéter.

Des nuages de doutes et d'incertitudes se chevauchaient menaçants dans sa tête.

La situation lui semblait trop compliquée…

"Je vais vous révéler un secret qui vous laissera pantois. Je vous l'assure."

"Je serai là à vous écouter, pétrifié, sans battre un cil."

répondit le Baron. "Mon cher Don Magnifico du haut de votre expérience et de votre sagesse, dites-moi un peu, si je devais épouser l'une de vos filles, comment devrais-je me comporter ?”

Dandini ne savait plus par quoi commencer.

« Quel honneur vous me faites en me demandant un conseil sur un sujet si délicat. Connaissant mes filles je dirais que ce sont des jeunes femmes aux prétentions modestes, mais qui aiment être traitées avec beaucoup d’égard et de respect. Elles aiment le confort, mais ne vous inquiétez pas, il s’agit de bien peu de choses…

“Au service de ma fille il faudrait qu’il y ait toujours trente valets prêts à la servir, il faudrait au moins deux écuyers, six cochers, trois concierges, deux chevaliers servants, cent seize chevaux, des serviteurs, des coiffeurs, des carrosses, des sorbets, des bijoux et des laquais.”

TRACE 8
ABBIA SEMPRE PRONTI IN SALA…

“Ah, vous dites ?! Ce sont des jeunes femmes sans prétentions pour sûr ! Et bien, mon cher Don Magnifico je veux vous parler avec franchise.

A votre fille je ne pourrais lui offrir qu'une petite chambre, exigüe et un peu éloignée. Une vie simple et modeste, sans luxe et sans serviteurs. Il ne m'arrive jamais d'être invité aux grands repas et même, que très souvent je ne mange que des restes.

Je ne fréquente pas de personnages importants ou nobles, mes amis ne sont que des serviteurs.

Je suis l'un d'eux, je ne suis pas le vrai Prince.

Ce que vous avez vu n'était qu'un déguisement."

Don Magnifico n'en croyait pas ses oreilles.

Il pensait que c'était une plaisanterie.

Il était convaincu que Dandini le soumettait à une épreuve.

Mais Dandini parlait sérieusement.

Il lui dit que c'était vraiment toute la vérité ; et pas seulement !

Il devrait quitter le palais sur le champ lui et ses filles.

Ils ne pouvaient plus rester là.

"Non, je ne m'en irai pas. J'exige de parler avec le Prince.

Il doit me donner une explication, il ne peut me traiter ainsi.

Je suis un Baron, moi."

éclata de colère, Don Magnifico, furieux.

Il avait compris qu'il ne s'agissait plus d'une plaisanterie.

C'était la triste et dure réalité.

13

Pendant ce temps Cendrillon était rentrée à la maison.
Elle avait retiré le magnifique habit de soirée et repris
à nouveau ses vieux haillons.
La poussière et la suie l'attendaient.
Seul souvenir de cette magnifique aventure
le splendide bracelet qu'elle portait encore au poignet.
Il était identique à celui qu'elle avait donné à Ramiro
durant le bal. Elle ne l'enlèverait plus jamais.

Tout en chantant sa triste chanson, Cendrillon reprit son balai et ses chiffons, alluma le feu et commença à ranger et à nettoyer la maison.

Après l'agitation de ce matin, elle en avait vraiment besoin !

Mais ses pensées retournaient rapidement à la fête, celles-ci non, elles ne pouvaient rester enfermées parmi la cendre et la poussière.

Et en regardant le bracelet, Cendrillon pensait:

"Comme il est beau. Celui que j'ai donné à Ramiro est encore plus précieux parce grâce à lui, s'il le voudra, il réussira à me retrouver. Ah ! Quelle magnifique soirée ! Je ne pourrais jamais l'oublier ?"

Puis, comme si elle y repensait encore :

"Mais ce Prince, toutefois, quel arrogant. Il me suivait partout. Que voulait-il de moi ?"

Naturellement elle parlait de Dandini.

Tout le monde pensait que c'était lui le maître des lieux et que Ramiro n'était que son écuyer.

Et puis Cendrillon ne s'était aperçue de rien !

“Que voulait-il avec ses minauderies ?

Toujours là à me suivre dans tous les recoins du château.

Heureusement qu’à un certain moment l’écuyer, le beau garçon, est arrivé.

Aura-t-il compris que mon cœur ne palpite que pour lui ?

Quel bonheur cela serait pour moi d’être son épouse.

Mais s’il me retrouvait, accepterait-il mon humble condition ?”

Et tandis que Cendrillon était plongée dans ses pensées et continuait à rêver les yeux ouverts, voici que rentrèrent Don Magnifico et ses demi-sœurs.

Quelles têtes !

Quelles tristes mines !

Quel air sombre !

Qu’était-il arrivé ?

Tout en ronchonnant ronchonnant ils entrèrent dans la cuisine.
Qui voulait un café, qui voulait un thé,
qui voulait une camomille.
En revoyant Cendrillon devant la cheminée,
occupée comme toujours à ses tâches ménagères
et avec ses habits recouverts de suie,
les trois ne purent s'empêcher de remarquer,
encore une fois, l'extraordinaire ressemblance
avec la dame mystérieuse présente à la fête !

“Mais comme elle lui ressemble.”
pensa Don Magnifico.
“Une sœur. *Bien plus, une jumelle !”*

Et immédiatement après, avec un ton de reproche :

“As-tu tout fait dans la maison ? Débarrassé, rangé, dépoussiéré, lavé, repassé, cuisiné ?”

Cendrillon s’amusait follement en voyant ces visages renfrognés, mais elle ne pouvait certes le faire voir et, pour sa tranquillité, elle fit semblant de rien, continua à préparer les boissons chaudes qu’on lui avait demandées.

Il faisait nuit noire et un orage s’approchait à grande vitesse.

Des fenêtres l’on voyait toujours plus la foudre et les éclairs.

Le bruit du tonnerre s’emparait de toutes les pièces de la maison avec fracas, faisant sursauter les jeunes femmes. Dehors une pluie diluvienne.

Un temps à ne pas mettre un chat dehors !

“J’ai faim ! Cendrillon, vite, à la cuisine pour préparer le repas.”
ordonna Don Magnifico qui ne pouvait supporter de voir Cendrillon distraite même pour un instant des tâches ménagères.

Peu lui importait de l’orage qui se déchaînait dehors.

Il avait assez de problèmes en tête et il n'arrivait pas à les digérer.

Et tandis que tous étaient plongés dans leurs pensées, revenant sur ce qui s'était passé sans réussir à donner une explication complète, on entendit venant de la rue un grondement et un grand fracas.

Ce n'était pas le tonnerre. Non, c'était quelque chose de plus près, quelque chose de concret. C'était un choc, une grande explosion ! Certainement un accident.

Tout le monde se précipita aux fenêtres pour regarder dehors.

Tous, sauf Cendrillon qui depuis la cuisine n'avait rien entendu.

"Un carrosse s'est renversé." dit Tisbé.

"Il y a peut-être des blessés. Portons-leur secours !" reprit Clorinda.

"Mais qui peut donc se promener la nuit par ce mauvais temps ?" continua Don Magnifico.

Et c'est juste à ce moment précis que firent leur entrée, dans la maison de Don Magnifico, Dandini et Ramiro, un peu courbaturés et endoloris à cause de l'accident, mais heureusement sains et saufs, sans rien de cassé.

Ils étaient à la recherche de la Dame Mystérieuse, et rien, même pas le plus terrible des orages, n'aurait pu arrêter le Prince.

Il avait avec lui le fameux bracelet et il contrôlerait personnellement toutes les jeunes filles du royaume. "Bonsoir Messieurs. Nous avons besoin de votre aide.

Le carrosse royal s'est renversé juste devant et le ***Princ***…

mais que vois-je !

Don Magnifico, **est-ce vraiment vous ?!?!?"**

"Tiens, qui se présente chez moi. Et avec quelle audace !".

Ce furent les premiers mots qui vinrent à l'esprit de

Don Magnifico.

Il était vraiment en colère, en colère.

Sur ce il n'y avait aucun doute…

"Et le Prince où est-il ?" demanda-t-il sèchement à

Dandini.

Personne n'avait encore compris qui était réellement

Ramiro…

A cet instant-là Dandini comprit que le moment des explications était arrivé et prenant un ton officiel de grande cérémonie il commença.

“Mes chers amis, vous avez raison. Je dois vous présenter le Prince, nous ne pouvons plus cacher sa véritable identité.

En réalité vous avez tous eu la possibilité de le connaître. Il est resté avec nous toute la journée, nous l’avons toujours eu à nos côtés, d’une façon ou d’une autre, mais jamais personne n’a soupçonné sa véritable identité.

Messieurs, je vous présente Son Altesse Royale le Prince Don Ramiro”.

Il indiqua Don Ramiro qui quitta l’angle où il était pour rejoindre le centre de la salle.

Tous restèrent muets.

L’écuyer.

Ramiro.

Le Prince.

Le château.

Quelle confusion !!!

Amusé, Alidoro regardait la scène depuis l’entrée.

Naturellement Don Magnifico commença immédiatement à construire de nouveaux châteaux en Espagne.

"Si Don Ramiro n'est pas écuyer et Dandini n'est pas le Prince, mais Don Ramiro est par contre le vrai Prince et Dandini n'est qu'un très banal serviteur et s'ils sont venus par ce temps, par cette pluie, risquant de se casser le cou, alors il y aura bien un motif à cela…Et ce motif pourrait être une de mes filles adorées…Tout n'est pas encore perdu… »

Alors qu'il réfléchissait à tout cela, il s'approcha de ses filles en murmurant : « Vous verrez qu'il est venu choisir l'une de vous, malgré tout ce qu'a dit cet imbécile de Dandini.

Ce rustre ne comprend rien. Je l'avais bien dit, moi !".

"Cendrillon, Cendrillon"

hurla Don Magnifico avec son habituelle impolitesse, ne reste pas là sans rien faire.

N'as-tu pas entendu que nous avons des invités d'honneur ? Ne connais-tu pas les bonnes manières ?

Vite, va chercher le fauteuil le plus beau et le plus confortable de la maison, celui des grandes occasions et porte-le immédiatement à notre bien-aimé Prince qui est venu, fatigué, transi et mouillé, nous honorer de Sa présence royale. Vite. Dépêche-toi!" Et en même temps il pensa bien à faire une profonde révérence et un faux sourire à Don Ramiro.

Cendrillon, un peu inquiète, revint, portant comme on lui avait demandé, l'imposant fauteuil et le plaça juste juste devant Dandini.

Depuis la cuisine, en fait, elle n'avait pas suivi toute la scène et n'avait rien compris. Elle croyait encore que le Prince était Dandini.

"Idiote ! Le **Prince** ce n'est pas celui-ci" renchérit le beau-père.

"Le Prince, Son Altesse, Sa Majesté Illustrissime n'est autre que Don Ramiro.

C'est à lui que tu dois présenter le fauteuil.

Tu n'es qu'une idiote !»

"Que vois-je ! Ramiro ! Et c'est lui le Prince !"

Cendrillon fut si surprise que, pour toute réaction, elle porta ses mains sur son visage pour le couvrir et tenta de s'enfuir.

Tout était trop compliqué.

Toutefois ainsi faisant, on put apercevoir le bracelet

conservé précieusement à son poignet. A la lumière des bougies le bracelet brilla.

Don Ramiro ne put ne pas le noter et en le voyant il comprit immédiatement qui était la splendide dame mystérieuse rencontrée au château…

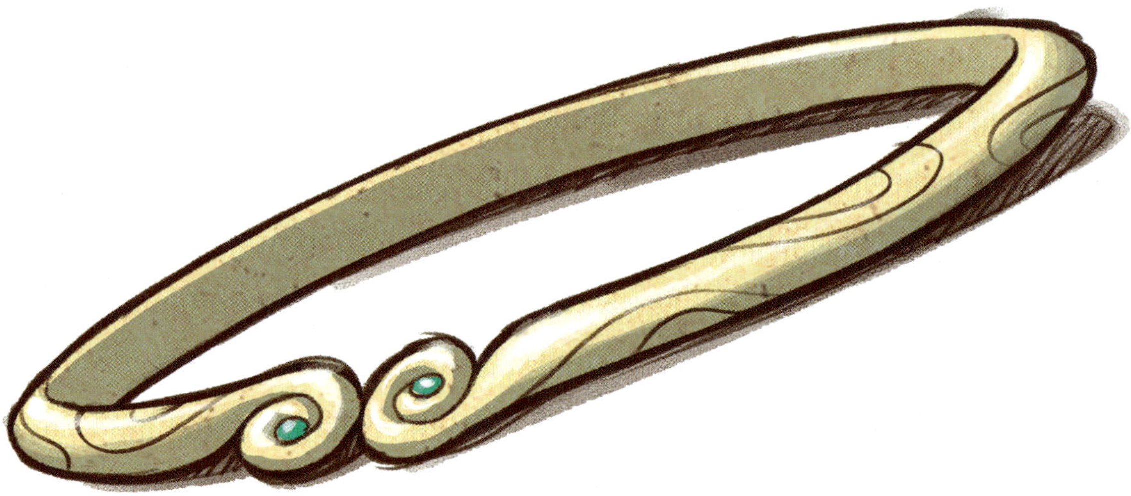

15

Vous pouvez imaginer la stupéfaction de tous les présents à ce moment précis.
Cendrillon était surprise parce que Ramiro était le Prince.
Ramiro était surpris parce que la dame mystérieuse était bien Cendrillon.
Tisbé et Clorinda étaient surprises parce que leurs plans étaient partis
complètement en fumée : Dandini n'était pas le Prince, l'écuyer
qui par contre était le Prince, était fou amoureux de leur demi-sœur.
Don Magnifico ne comprenait toujours pas pourquoi Don Ramiro
préférait Cendrillon à ses deux adorables filles.
Toute la situation était un grand écheveau embrouillé, enchevêtré,
emmêlé, entrelacé, inextricable…et tout le monde était impliqué.
Il n'y avait que Dandini et Alidoro à ne pas être étonnés. Bien au contraire !

Trace 9
Questo è un nodo avviluppato

"Majesté, mais comment, une personne de votre rang, comme vous, peut être charmé par une servante ?" Don Magnifico, Clorinda et Tisbé essayaient encore de faire changer d'avis le Prince dans une dernière et pathétique tentative.

Cependant Don Ramiro n'en pouvait plus de leur hypocrisie et de leur méchanceté. Rouge de colère, il aurait voulu leur hurler tout son mépris.

Seul l'intervention de Cendrillon réussit à calmer sa rage.

"Mon Altesse, un instant seulement. Je vous prie, ne donnez pas suite à leurs paroles. Faites triompher la bonté. Compatissez-les et pardonnez-les, en ignorant leurs mesquineries et leurs bêtises."

dit la jeune femme qui s'était tout juste remise de la surprise.

"Mais alors, dites-nous. A la fin, que voulez-vous de nous ?"

intervint ainsi Don Magnifico, faisant appel à tout son courage, pour mettre fin à cette incompréhensible situation.

Et Don Ramiro, d'un geste très élégant, s'agenouilla aux pieds de Cendrillon et la regardant intensément dans les yeux lui dit :

"Je voudrais que cette jeune femme, la plus belle de tout mon royaume, la femme la plus pure que j'aie jamais connue, qui m'a aimé sans savoir qui j'étais, me rende l'homme le plus heureux du monde en acceptant de devenir mon épouse."

Les yeux de Cendrillon brillèrent comme deux étoiles.

Elle croyait encore difficilement à ce qui lui arrivait.

C'était encore plus extraordinaire et plus merveilleux que dans tous ses plus beaux rêves, mais elle n'eut même pas le temps d'ouvrir la bouche que Don Magnifico intervint :

"Mais comment Monsieur le Prince, vous choisissez donc elle ?

Notre servante ? Mes filles n'étaient pas assez bien pour Votre Altesse Royale ?"

demanda-t-il en proie au désespoir. Il se rendait compte qu'il avait tout perdu !

"Mon très cher Baron, mais ce sont justement vos filles qui m'ont dit, cet après-midi, que je n'étais pas le mari idéal et adéquat. Dandini m'a présenté dans le jardin du château à mademoiselle Clorinda et à mademoiselle Tisbé, mais elles m'ont regardé avec mépris.

Elles ont dit que j'avais une âme de roturier et un air si commun !

Elles ont fait demi-tour et sont parties avec Dandini. Donc..."

Puis il s'adressa à Cendrillon de façon solennelle et tendre en même temps : « Viens régner avec moi, je t'en prie.

Tu seras mon épouse et tous te reconnaitront comme Princesse.

Ton âme noble et ta beauté enchanteresse correspondent parfaitement à ce rôle. Réponds-moi oui ! ».

Cendrillon était stupéfaite, elle faillit s'évanouir.

En un instant son destin avait totalement changé.

Complètement renversé.

Bien sûr ! Bien sûr qu'elle veut l'épouser. Elle veut l'épouser parce qu'il est beau, parce qu'il est gentil, parce qu'elle en est folle, parce qu'il est galant, parce qu'il est élégant, parce qu'il est tendre et affectueux, parce que c'est Don Ramiro.

Elle est tombée amoureuse de lui au premier regard et depuis elle n'a songé que de pouvoir vivre pour toujours avec lui.

Et maintenant son rêve est devenu réalité.

Au château.

En tant que Princesse.

Et débordant de joie, main dans la main avec son Prince Cendrillon
sortit pour la dernière fois de sa vieille et odieuse maison
pour se diriger vers le Palais Royal.

Ramiro avait déjà donné l'ordre de préparer
tout au château pour célébrer les noces
avec son épouse.
Il était sûr qu'il l'aurait trouvée.
Un splendide et luxueux habit de mariage
n'attendait que Cendrillon, ainsi que des gants, des bijoux,
un diadème et des chaussures en vair…

Dans le jardin on avait installé un gazébo orné de broderies et de guirlandes de fleurs, illuminé par des lanternes orientales et des bougies parfumées. Un spectacle à couper le souffle. Tous les nobles des royaumes voisins étaient immédiatement accourus pour fêter les noces du jeune Prince avec sa magnifique épouse. Tous avaient appris la bonne nouvelle. Au centre du jardin deux trônes royaux attendaient les nouveaux mariés. Don Magnifico, Tisbé et Clorinda furent invités aux noces ; ils étaient verts de rage, mais Cendrillon avait déjà oublié toutes les méchancetés et les injustices subies. Elle courut vers eux et les embrassa affectueusement. “Mes chers parents, je suis heureuse que vous soyez ici. Oublions le passé. Je vous pardonne et je veux que vous

veniez vivre ici au château, près de moi. Mettons de côté nos vieilles rancœurs et vivons dans la joie et le bonheur : je serai toujours pour vous votre fille, votre sœur et votre amie. Grâce à l'affection de Cendrillon, pour ces trois parents déjantés, l'histoire ne finissait pas si mal que ça, en fin de compte.

Ils pouvaient vivre au palais et les deux demi-sœurs, **peut-être**, trouveraient même un noble comme époux …

TRACE 10
DELLA FORTUNA INSTABILE…

Et sur ce, Cendrillon s'approcha de Ramiro qui l'embrassa avec joie, ils se prirent par la main et se jurèrent amour éternel. Puis, ensemble, au son joyeux de toutes les cloches du royaume, ils se dirigèrent, pour toujours heureux et contents, vers l'intérieur du château pour commencer les célébrations à la grande joie de tous les invités.

TRACE 11
DEGNA DEL TRON TU SEI

GIOACHINO ROSSINI

LA VIE

(Pesaro 29 février 1792 – Passy, Paris 13 novembre 1868)

“Gioachino, cours, cours. La fanfare est en train de passer et il y a même papa qui joue. Viens écouter, c’est si beau !”

Le petit Gioachino quitta immédiatement ses amis qui jouaient au ballon, dans la cour de sa maison de Pesaro, et se précipita avec sa maman pour écouter la fanfare qui passait. Il ne réussissait pas à résister à l’appel de la musique et il ne perdait aucune occasion pour l’écouter. Quand à la maison, son papa Giuseppe étudiait, Gioachino faisait tout ce qu’il pouvait pour rester avec lui et il ne permettait jamais à sa maman, la belle Anna Guidarini, de prendre des leçons de chant en son absence.

Dans la maison des Rossini on ne vivait que de musique.

A table, on parlait de musique, toute tâche ménagère était exécutée au son de la musique et tous les voyages qu’ils faisaient c’était pour les concerts que les parents devaient tenir. Ils étaient tous très heureux, ils chantaient et jouaient continuellement, du matin au soir.

Quand Gioachino n'allait pas encore à l'école, sa maman s'amusait à lui présenter de simples jeux musicaux : elle lui chantonnait un air célèbre d'opéra, d'une symphonie ou d'un concert et le petit devait en deviner le titre et le compositeur.
A chaque réponse exacte un délicieux petit gâteau l'attendait.

Voilà comment les Rossini jouaient chez eux !

"Maman, maman, je veux moi aussi devenir musicien !"
dit un jour le petit garçon qui commençait tout juste à connaître l'alphabet. Même si Gioachino avait commencé à lire, à écrire et à calculer depuis peu de temps, ses pensées se dirigeaient rapidement et uniquement vers la musique. Il n'arrivait pas à les arrêter. Ce matin il pensait à une mélodie, maintenant à un accord, puis à un accompagnement.
Et Gioachino chantait, chantait dès qu'il se réveillait, chantait pendant qu'il jouait, étudiait, prenait son bain. Continuellement. Avec sa maman ils passaient

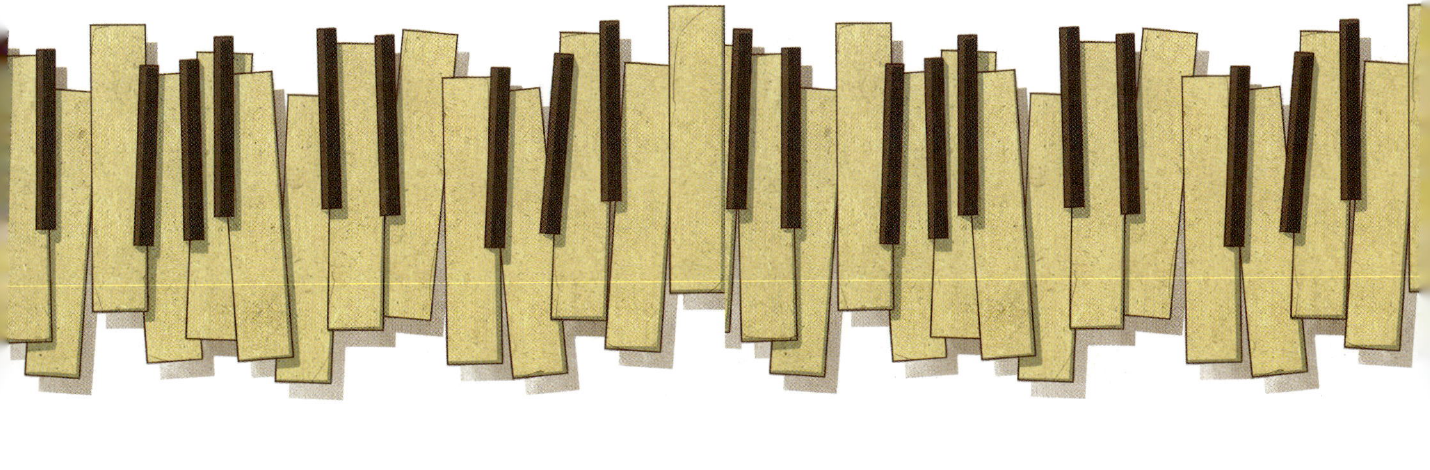

des après-midis entiers, à chanter ensemble, souvent accompagnés par le papa avec son cor.*

Quand Gioachino eut sept ans, la famille Rossini décida de déménager à Bologne : c'est là que le petit garçon commença à prendre des leçons de musique, démontrant immédiatement un fort talent et une voix si belle et si limpide qui lui firent gagner ses premiers petits sous en chantant dans les églises.

En ville, on commença rapidement à parler de lui. Parmi les jeunes, tous le connaissaient et le cherchaient continuellement.

"Gioachino demain on part ensemble à l'école ?"

"Gioachino à la sortie on ira prendre une glace ?"

"Veux-tu étudier avec moi cet après-midi ?"

"Tu m'apprends la musique ?" demandaient ses amis à notre jeune, qui avait un très bon caractère et était toujours très content d'être en compagnie.

"Les amis, les amis," dit un jour le jeune Gioachino.

Il n'avait que 17 ans, mais il venait de recevoir une nouvelle incroyable.

*Le Cor est un instrument musical à vent en laiton, composé d'un long tube enroulé sur lui-même qui se termine par une cloche très évasée. Il provient de la vieille corne naturelle ou de chasse. De nombreux grands compositeurs ont écrit des concertos pour Cor soliste, parmi lesquels les célèbres concertos de Mozart (K412, K417, K447, K595)

Le Théâtre San Mosè de Venise m'a écrit. Je ne peux encore y croire !!! Ils ont entendu parler de moi, ont eu quelques-unes de mes partitions et maintenant ils me demandent même de composer une œuvre entière rien que pour eux !"

Gioachino ne tenait plus sur place, ses rêves étaient en train de se réaliser. Il en sautait de joie.

"Écoutez un peu. J'ai décidé d'écrire une œuvre joyeuse et amusante. Nous devons moderniser l'opéra lyrique. Cela en est assez de cet habituel **Mélodrame***; il faut vivre avec son temps et parler le langage des jeunes.

Elle s'appellera ***La Cambiale di Matrimonio;***

maintenant je vous raconte de quoi cela parlera.

Imaginez être dans la maison d'un riche marchand. Nous sommes dans son élégant salon avec sa fille, la belle Fanny, promise à un vieux monsieur américain. Mais elle, naturellement, elle ne veut pas l'épouser. Elle est amoureuse, et est aimée en retour par le jeune Edoardo…. En somme, je veux créer un enchevêtrement incroyable de promesses, enquêtes, menaces, mais avec une fin heureuse assurée ! Et j'ai en tête une musique sensationnelle, elle aura à l'intérieur un rythme et une énergie tels que l'on ne pourra pas les oublier facilement.

Qu'en dites-vous, cela vous plaît ?

Naturellement l'idée plaisait à tous ses amis, c'était évident. Ils regardaient avec admiration leur ami si talentueux et si enthousiaste.

Il serait devenu célèbre. Ils en étaient certains.

* MÉLODRAME : est un mot qui vient du grec et qui signifie chant ou musique et récitation. Il naît à la fin du XVI° siècle à Florence quand furent mis en scène les premiers spectacles dans lesquels les acteurs jouaient en chantant et il obtint un succès sans précédent, grâce aussi à l'utilisation de costumes fastueux et d'imposantes scénographies. L'opéra lyrique (autre nom du mélodrame) se diffusa rapidement dans toute l'Europe et de grands compositeurs écrivirent des opéras en langue italienne (par exemple, au XVIII° siècle Mozart, parmi les plus grands musiciens de tous les temps, écrivit trois œuvres en italien, selon les textes de Lorenzo Da Ponte, Le Nozze di Figaro, *Don Giovanni et Così fan tutte…*)
MAIS DE QUOI EST COMPOSE' UN OPERA?
Le texte s'appelle le LIVRET et est subdivisé en ACTES et SCENES. La structure musicale suit le livret et à l'intérieur présente les éléments typiques du chant. A l'époque de Rossini une forme caractéristique de l'opéra était la suivante:

- SYMPHONIE d'introduction
- CABALETTA (Présentation musicale du personnage)
- ARIA, morceau chanté en solo car l'action s'arrête et le personnage exprime son état d'âme. (C'est ici que le chanteur peut exprimer toute son habileté, sa musicalité et sa virtuosité.)
- RÉCITATIF, moment où l'action a de grands développements scéniques, avec chant et accompagnement musical très simplifiés
- "PEZZI D'ASSIEME" airs chantés en duo, trio par plusieurs personnages qui chantent ensemble parfois accompagnés par le chœur. Chacun exprime ses propres émotions en paroles et avec des mélodies différentes, mais la beauté musicale qui en découle prédomine sur le manque de compréhension du texte.
- "CONCERTATI" (de concert) ou FINAL, tous les personnages de l'opéra sont sur scène et chacun chante séparément sa ligne musicale dans un crescendo final qui procure au spectateur une très grand implication émotive !

A l'époque de Rossini l'opéra se divisait en deux types bien distincts de spectacles :

- OPERA SERIA, opéra sérieux ou dramatique, (scénographie de l'Antiquité classique, parfois d'un orient imaginaire.) Ses caractéristiques sont : langage poétique, chant techniquement difficile (bel canto), récitation peu vivace, longs récitatifs, nombreux airs mais peu d'airs de concert.
- OPERA COMICA, opéra comique, (scénographie contemporaine au compositeur, vie quotidienne, milieu bourgeois). Ses caractéristiques sont: langage proche du langage courant, récitation très vivace, rôles importants confiés aux voix graves, nombreux moments d'Assieme et de concert, fin heureuse.

LES VOIX DES CHANTEURS SONT TOUTES IDENTIQUES :
Les chanteurs et le chœur se distinguent suivant le registre et le timbre vocal.
Les voix masculines sont (de la plus grave à la plus aiguë): BASSE, BARYTON, TÉNOR.
Les voix féminines sont (de la plus grave à la plus aiguë):
CONTRALTO, MEZZO-SOPRANO, SOPRANO.

Maman Anna et papa Giuseppe se mirent tout de suite à préparer les valises pour leur fils prodige, appelé même par le Théâtre de Venise.

Au plus profond de leur cœur ils savaient depuis longtemps que leur fils avec la musique en aurait fait du chemin …

Et c'est ce qui arriva.

La Cambiale di Matrimonio eut immédiatement un tel succès de la part du public que la direction du Théâtre décida tout de suite de commander au très jeune Rossini un autre opéra. Et voici qu'arriva

La scala di seta (1812)

Deux jeunes amoureux, Giulia et Dorvil, se sont mariés à l'insu du vieux tuteur Dormont et réussissent à se rencontrer grâce à un escalier en soie qui conduit à la chambre de Giulia… Des imprévus et des obstacles ne manqueront pas tout comme une fin heureuse!

Suivie de

Il Signor Bruschino (1813)

Il Signor Bruschino (1813) raconte les tentatives du jeune Floreville pour épouser Sofia, la pupille du vieux Gaudenzio.
La jeune femme cependant est promise en mariage au fils d'un certain Signor Bruschino. Entre imbroglio et déguisements, l'amour à la fin triomphe!

Ce sont tous des opéras divertissants, joyeux, enjoués, qui dénotent le très jeune âge du compositeur et qui nous aident à comprendre le caractère optimiste de Gioachino. Mais notre jeune homme, qui avait désormais composé de nombreux opéras de succès à vingt ans à peine et qui était déjà connu dans de nombreux théâtres européens, était aussi sensible et susceptible. Si quelqu'un le faisait mettre en colère, il ne restait pas sans rien faire et ne perdait aucune occasion pour se venger, même en faisant une plaisanterie.

Et c'est ce qui arriva au directeur du Théâtre de Venise. Après une altercation entre eux deux, le jeune compositeur décida de se venger en insérant dans la partie initiale (dite Ouverture, Symphonie ou Prélude) d'un nouvel opéra une

*L'ouverture est un mot français qui signifie "introduction et ouverture" et qui indique un morceau musical exécuté uniquement par l'orchestre avant le début du mélodrame qui présente déjà certains éléments musicaux fondamentaux de l'opéra. Outre à l'Ouverture, parmi les compositions qui anticipent l'opéra, on peut mentionner la Sinfonia all'italiana ou le Preludio.

belle et bonne plaisanterie : à un certain moment tout le monde s'arrêta de jouer . Rien, plus une note. Les violonistes prennent l'archet ** et commencent à taper tous ensemble sur le plateau en étain qui portait la chandelle du pupitre.

Mais le plus beau de l'histoire c'est que personne ne s'y attendait

** L'archet est une baguette en bois flexible le long de laquelle sont tendus des crins de cheval, et qui sert à faire vibrer les cordes du violon, de la viole, du violoncelle et de la contrebasse.

Le soir de la première représentation au théâtre vous pouvez imaginer la stupéfaction du public, venu de tous les coins d'Italie pour écouter le nouvel opéra du jeune compositeur, quand il entendit le battement des archets des violons* sur des plateaux! La nouvelle se diffusa en un éclair et contribua à accroître la célébrité de Rossini dans le reste de l'Italie et pas seulement.

* Les violons font partie de la famille des cordes, et avec la famille des bois, des cuivres, des percussions et la harpe, ils constituent l'orchestre.

CORDES:	premiers et seconds violons, violes, violoncelles, contrebasse
BOIS:	flûte traversière, flûte piccolo, hautbois, cor anglais, clarinettes, clarinette basse, clarinette piccolo, basson et contrebasson
CUIVRES:	cornes, trompettes, trombones, tuba
PERCUSSIONS:	timbales et diverses percussions
HARPE	

Le violon est l'instrument le plus représenté dans un orchestre

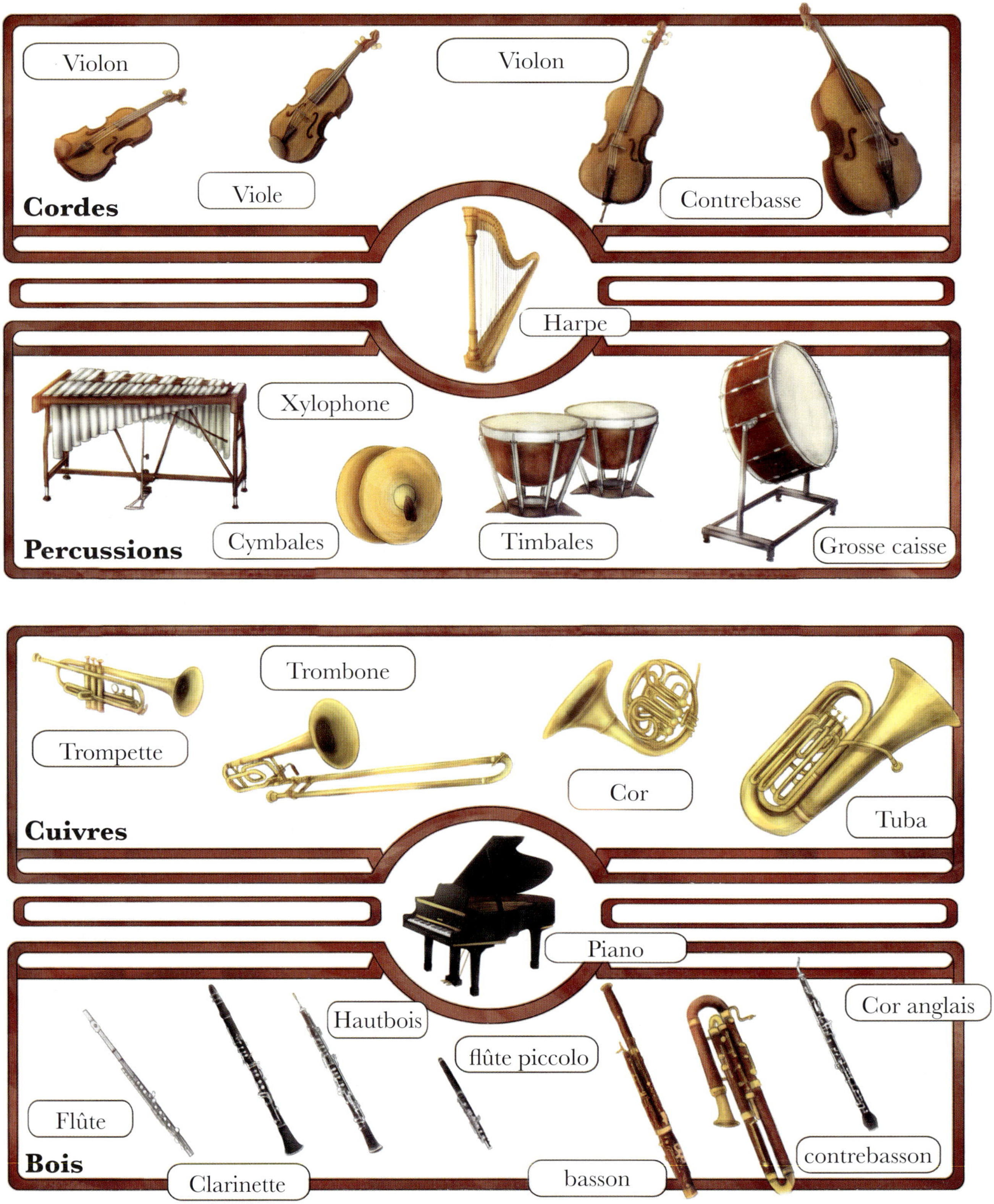
Cordes
Violon
Viole
Violon
Contrebasse
Harpe
Percussions
Xylophone
Cymbales
Timbales
Grosse caisse
Cuivres
Trompette
Trombone
Cor
Tuba
Piano
Bois
Flûte
Clarinette
Hautbois
flûte piccolo
basson
contrebasson
Cor anglais

Désormais il était connu dans le monde entier ! A Venise c'était une vraie star ! Tout le monde voulait écouter un nouvel opéra.

Tancredi (1813)

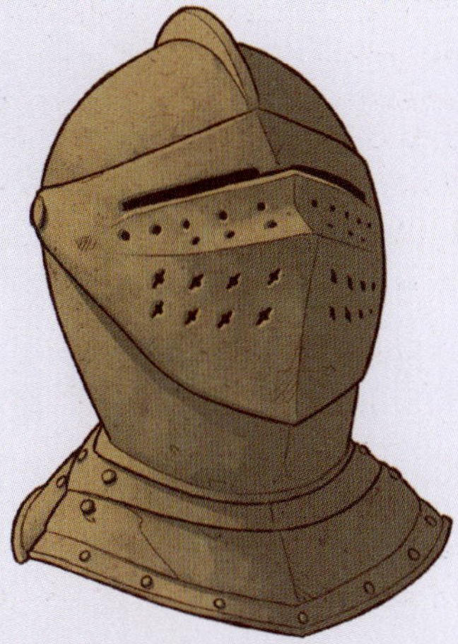

Tancredi (1813) vient d'une tragédie et parle du triste amour entre Tancredi et Amenaide, que le père avait promis en mariage pour des raisons politiques à un autre homme… Mais notre bon Rossini décida de changer le final et de faire triompher l'amour pur et juste des deux jeunes.

Ce fut un tel succès que dans les "calli" canaux (ainsi s'appellent les rues de Venise) on entendait les gens chanter l'air le plus célèbre "Ti rivedrò mai, mi rivedrai". Les gondoliers, les magistrats, les nobles, les ménagères, à Venise, tous chantaient le ***Tancredi*** de Rossini.

Et même l'œuvre suivante,

L'Italiana in Algeri, écrite la même année que le Signor Bruschino et le Tancredi, fut un énorme succès : l'on raconte qu'à la fin d'un des airs les plus amusants chantés à plusieurs voix *(celui où chaque personnage se met à faire sur scène, selon ce qui a été écrit sur la partition, un bruit différent bum, bum; cra, cra; din, don…)* le public, pris de fou rire, respirait difficilement et continuait à essuyer ses larmes !

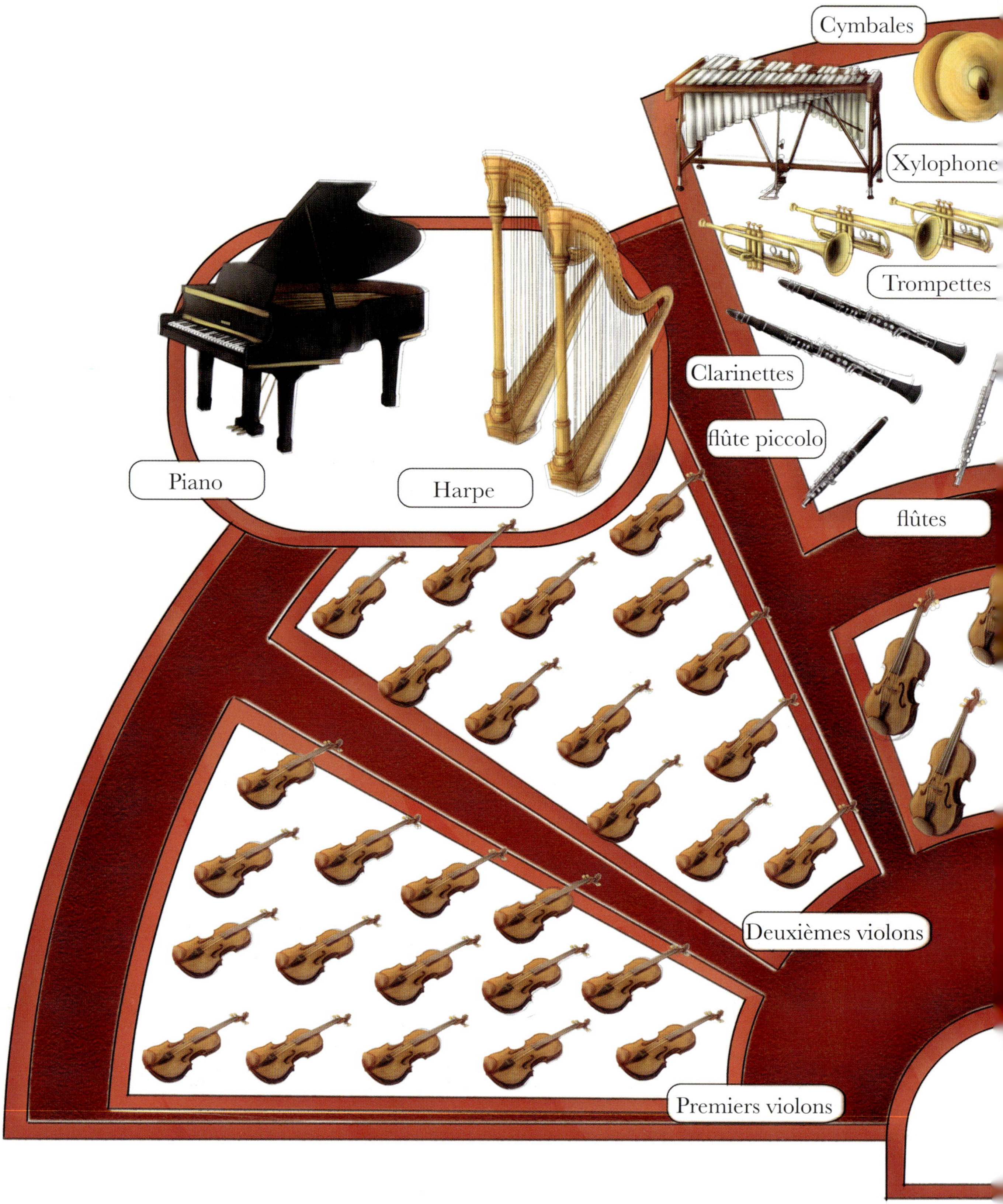

Cymbales
Xylophone
Trompettes
Clarinettes
flûte piccolo
flûtes
Piano
Harpe
Deuxièmes violons
Premiers violons

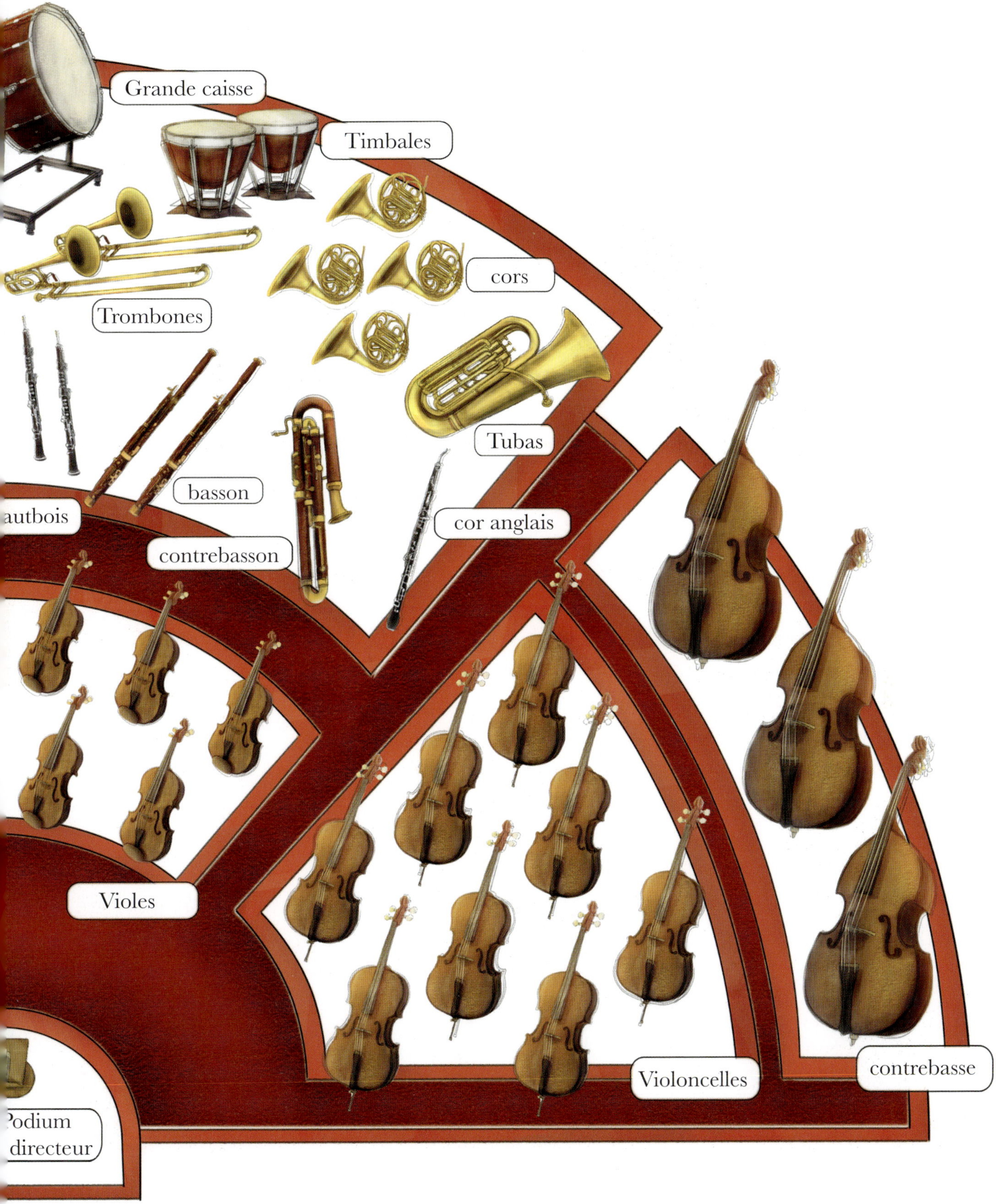
Grande caisse
Timbales
cors
Trombones
Tubas
basson
autbois
cor anglais
contrebasson
Violes
Violoncelles
contrebasse
Podium
directeur

Il n'y avait pas qu'à Venise que l'on parlait du très jeune Rossini.

Tous les plus grands théâtres demandaient un nouvel opéra.

Et à chaque fois les guichets affichaient complet !

Un des théâtres les plus célèbres à cette époque, le Théâtre Argentina de Rome, demanda à Rossini, après tous les succès obtenus, de mettre en musique ***Le Barbier de Séville*** pour la saison du Carnaval. En un seul petit mois, le musicien devait choisir le sujet, trouver le librettiste, écrire le livret et composer la musique !

Une entreprise impossible !!!

En outre, il devait rivaliser avec un autre compositeur très célèbre de l'époque, Giovanni Paisiello, qui avait écrit en 1782 un autre *Barbiere di Siviglia*, et celui-ci avait obtenu un succès retentissant !

Personne n'aurait osé se comparer à lui, mais Rossini, un jeune de 23 ans à peine, oui oui ! Il décida d'accepter la proposition de l'impresario du Théâtre Argentina de Rome, le Comte Sforza Cesarini, et de composer un nouveau ***Barbiere di Siviglia***. Il donna à l'opéra une tournure complètement différente, en se concentrant surtout sur l'aspect comique et sur les malentendus. L'opéra fut achevé en vingt jours seulement; le titre définitif fut *Almaviva, o sia l' inutile precauzione* et fut représenté le 20 février 1816 au Théâtre Argentina de Rome. Malheureusement, ce ne fut pas un franc succès et, de fait, cela se termina par des sifflets des partisans de la version de l'opéra de Paisiello qui étaient venus exprès au Théâtre pour contester le jeune et courageux compositeur. L'on raconte que, le lendemain soir, de peur de se retrouver dans un milieu hostile, Rossini décida de ne pas assister à la représentation, il ne se rendit pas au théâtre et après les répétitions il retourna chez lui décidé à se mettre au lit. Il était sur le point de s'endormir quand il entendit un énorme vacarme sous ses fenêtres; tout le monde hurlait son nom et lui demandait de se rendre au Théâtre Argentina.

"C'est fini" pensa-t-il. "Ils sont venus me chercher pour me faire payer mon arrogance pour avoir écrit un opéra déjà composé par le grand Paisiello ! Pauvre de moi !" De peur, Il fut même tenté de se cacher sous son lit.

Mais son orgueil, et le sentiment d'avoir composé un magnifique opéra, le persuadèrent d'ouvrir la fenêtre et de s'y présenter, malgré le froid piquant de février. Une véritable ovation l'accueillit !

Applaudissements, cris, tapages et acclamations, retentirent dans la rue.

"Bravo Rossini, bravo Gioachino, bravo au *Barbiere di Siviglia*" criaient-ils tous. « C'est un succès, un grand, un énorme, un incroyable succès », lui dirent ses amis, si heureux. « Vite Gioachino, habille-toi et cours au théâtre pour jouir de ce triomphe bien mérité. Rossini, une fois arrivé fut accueilli avec un tel enthousiasme qu'il en pleura de satisfaction ! A partir de ce moment le public acclama l'opéra de Rossini, le portant à évincer la version précédente de Paisiello et à devenir l'un des opéras les plus représentés au monde.

Barbiere di Siviglia (1816)

Un des grands chefs-d'œuvre de l'histoire du Mélodrame parle du triomphe de l'amour entre la belle Rosine et le Comte Almaviva, se moquant du tuteur Don Bartolo grâce à l'aide de l'astucieux Figaro, le barbier de la ville.

Jusqu'à l'âge de 37 ans Rossini collectionna les succès les uns après les autres et pas seulement en Italie mais même dans le reste de l'Europe. Du genre bouffe au genre sérieux, toutes les œuvres qu'il proposait remportaient d'unanimes et enthousiastes consensus.

Après *Il Barbiere di Siviglia* nous aurons *Otello* (1816, Naples), *La Cenerentola* (1817, Théâtre Valle de Rome) et *La Gazza Ladra* (1817, Théâtre de la Scala, Milan).

La Gazza Ladra (1817)

Ninette, au service de Fabrizio, est contente parce qu'au retour de son fils Giannetto il la lui donnera en mariage.
La joie se transforme cependant en tragédie quand la jeune femme est accusée d'avoir volé une cuiller avec les initiales de Fabrizio.
En réalité à la fin on découvrira que c'est une pie qui a volé le précieux couvert et tout se résoudra pour le mieux...

Ces opéras furent, dès les premières représentations, des succès retentissants, tant et si bien que le célèbre écrivain Stendhal, grand amateur d'art et de musique, en parla dans ces écrits de façon enthousiaste. Ainsi il écrivit dans son livre la **Vie de Rossini** en se référant à la première de ***La Gazza Ladra***: *"...Ce serait pour moi impossible de décrire l'enthousiasme et la folie du parterre de Milan quand ce chef-d'œuvre fut joué. Après avoir applaudi à outrance, crié et fait tout un tapage inimaginable pendant cinq minutes, quand vint à manquer la force nécessaire pour crier j'ai remarqué que tout le monde parlait avec son voisin, chose contraire à la méfiance italienne. Les personnes les plus froides et les plus âgées s'exclamaient dans leurs loges :*

"Oh que c'est beau ! Que c'est beau ! » et ces mots étaient répétés des centaines de fois, ils n'étaient adressés à personne, de telles répétitions auraient pu sembler ridicules ; les spectateurs avaient complètement oublié d'avoir des voisins, chacun parlait avec soi-même...Rossini dut se lever plusieurs fois de sa place au piano pour saluer le public ; et c'est lui qui se fatigua le plus en saluant que le public en applaudissant."

Le succès de cet opéra s'estompa vers la fin du XIX ° siècle sauf l'Ouverture: nombreux sont les différents thèmes qui ont été repris plusieurs fois dans des publicités télévisées et dans des films importants comme l'ORANGE MÉCANIQUE de Stanley Kubrick ou dans IL ÉTAIT UNE FOIS EN AMÉRIQUE de Sergio Leone.

En réalité on raconte que cette Ouverture a été composée à toute vitesse.

Rossini écrivit une lettre (qui cependant n'est pas recevable car on n'en connaît ni la date, ni le destinataire) à ce sujet: *"J'ai composé l'ouverture de* **La Gazza Ladra** *le jour même de sa représentation, dans le « placard » de la Scala, là où le directeur m'avait enfermé. On m'avait mis sous la surveillance de quatre machinistes qui avaient l'ordre de récupérer les pages de mon manuscrit, l'une après l'autre, et de les jeter par la fenêtre aux copistes qui les attendaient pour effectuer leur travail. Les machinistes avaient reçu l'ordre de me jeter par la fenêtre si le manuscrit n'avançait pas."*

La production d'opéras continua avec un grand engagement et avec des rythmes frénétiques : en peu de temps Rossini écrivit parmi tant d'autres,
Mosè in Egitto ; Maometto II, La Donna del Lago,
Semiramide, Il Viaggio a Reims et enfin Guglielmo Tell. (1829)

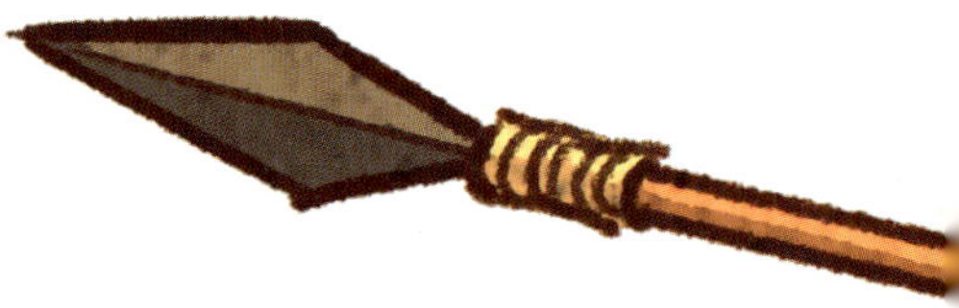

Guglielmo Tell. (1829)

L'histoire se déroule au XVIII° siècle et parle de Gugliemo Tell qui rassemble les Suisses contre les Autrichiens pour les conduire vers la liberté, mais parle aussi de l'amour du patriote Arnold pour l'autrichienne Matilde.

Le dernier opéra rossinien fut représenté pour la première fois au Théâtre de l'Opéra de Paris le 3 août 1829 et ce fut un spectacle riche en imposantes actions de chorégraphie avec ses moments de danse et de scènes grandioses. L'ouverture, avec celle du ***Barbiere di Siviglia***, de la ***Semiramide*** et de ***La Gazza Ladra*** est parmi les plus jouées et les plus connues du compositeur.

Son final, un ***Allegro vivace con fanfara***, est très célèbre et a été repris dans de nombreux films, publicités et dessins animés de Walt Disney.

Mais arrivé à l'âge de 37 ans le jeune Rossini décida d'arrêter de composer des opéras lyriques : personne n'en connaît la raison même encore aujourd'hui.

Malgré tout, le jeune compositeur quitta la scène en pleine gloire, aimé du public et au sommet de son succès. Il composa d'autres morceaux, et se dédia à la musique sacrée, à la musique de chambre, aux sonates pour piano, par pur amusement, rassemblés sous le titre les **Peccati di vecchaia** (Péchés de jeunesse), avec des titre surréels, comme ***les Antipasti*** (hors-d'œuvre), et des morceaux qui s'appellent ***Ravanelli, Acciughe, Burro***...(Radis, Anchois, Beurre)

Il quitta la scène au sommet de sa carrière, mais encore aujourd'hui, dans les théâtres du monde entier, ses notes résonnent constamment, recevant toujours les plus chaleureux applaudissements et les compliments du public!

Gioachino Rossini a été l'un des plus importants musiciens de l'histoire de la musique, figure inoubliable dans le panorama du mélodrame et un homme décidément sympathique ! À presque 67 ans, en 1868, il mourut à Paris, dans sa maison de Passy.

VOYAGE À LA DÉCOUVERTE DE CENDRILLON

DE PERRAULT AU CINÉMA

Par une froide soirée le 23 décembre 1813, deux vieux amis sont en train de discuter et de parler devant la cheminée. Ils sont fatigués et même la énième tasse de thé ne réussit pas à les secouer ; ils ne voudraient qu'une chose tomber dans les bras de Morphée et s'abandonner à un profond sommeil. Le sol est complètement jonché de partitions, de feuillets, de livres…

"Ce thème est bien trop sérieux" dit l'un, en écartant certaines pages tombées par terre.

"Et celui-ci trop compliqué" répond l'homme plus grassouillet mais à l'air très doux. *"Celui-ci en revanche prévoit des installations très coûteuses! L'imprésario nous dira sûrement non!"*

Nos deux hommes étaient exténués. Ils continuaient à éliminer chaque feuillet et à le jeter par terre.

Tout à coup, l'homme le plus mince, au milieu d'un énorme bâillement, murmura: "*Cendrillon* ?".

L'homme grassouillet, qui était complètement enfoui dans le divan, se releva à l'improviste, son visage s'illumina, et dans ses yeux passa un éclair de joie !

"Tu réussirais vraiment à m'écrire Cendrillon ?" demanda l'ami trépignant.

"Et toi de la mettre en musique ?" répliqua l'autre.

"Bien sûr ! Quand écriras-tu le livret ?" poursuivit le premier.

"Je te le remets demain matin" répondit l'autre.

Et c'est ainsi que Gioachino Rossini et Jacopo Ferretti décidèrent que le thème pour le nouvel opéra demandé par le Théâtre Valle serait un des contes les plus connus et aimés au monde : **Cendrillon**.

Ils travaillèrent comme des forcenés, Ferretti compléta le livret en vingt-deux jours et Rossini le mit en musique en seulement vingt-quatre.

L'opéra fut joué le 25 janvier 1817 au Théâtre Valle de Rome et fut au début un semi-fiasco ; au cours des représentations successives, cependant, le jugement unanime fut plus élogieux jusqu'à ce que ***Cendrillon*** devienne l'opéra le plus aimé du public.

Mais d'où provient l'histoire de ***Cendrillon*** ? Quel est le point de départ pris par Ferretti pour la création de son livret ?

Le conte de Cendrillon est certainement le plus connu ; il existe plus de 700 versions de cette histoire provenant de tous les coins du monde ! Dans presque tous les continents il existe une version de ce conte, de l'Europe à l'Asie, de l'Afrique à l'Australie, de l'Amérique du Nord à celle du Sud. L'histoire de

jeune fille maltraitée qui finit bien, en épousant un très beau prince avec lequel elle vivra pour toujours « heureuse et contente », est présente dans toutes les cultures de chaque époque, à partir d'époques très lointaines, transmises souvent seulement oralement.

L'antique *Cendrillon* CHINOISE, appelée *Yeh-Xian*, la *Cendrillon* VIETNAMITE *Tam*, la *Cendrillon* FINLANDAISE, *Tuhkimo*, la *Cendrillon* DANOISE *Askepot*, la *Cendrillon* PÉRUVIENNE *La Cenicienta*, la *Cendrillon* SICILIENNE *Ninetta*, la *Cendrillon* ÉGYPTIENNE *Rhodopis* pour arriver à la moderne ***Cinderella*** de Disney.

Cependant les versions les plus célèbres sont celles racontées par des spécialistes des contes, comme le français Charles Perrault, qui en 1697, conta sa *Cendrillon*, peut-être dans la version la plus proche de la traditionnelle, les frères allemands Grimm, qui la reprirent dans *Aschenputtel* (1812), en insérant dans l'histoire des variantes, sans oublier l'italien Giovan Battista Basile qui dans son célèbre recueil *Lo cunto de li cunti* de 1634 inséra une version du conte, *La gatta Cenerentola*. Le personnage principal Zezolla, reçoit le surnom de Cendrillon car elle est obligée de vivre à la cuisine près des cendres de la cheminée…

L'histoire est toujours plus ou moins la suivante : *il y a une orpheline, belle et gentille, Cendrillon, (souvent fille d'un noble ou d'un riche marchand devenu veuf) qui est maltraitée par sa belle-mère (parfois le beau-père)*

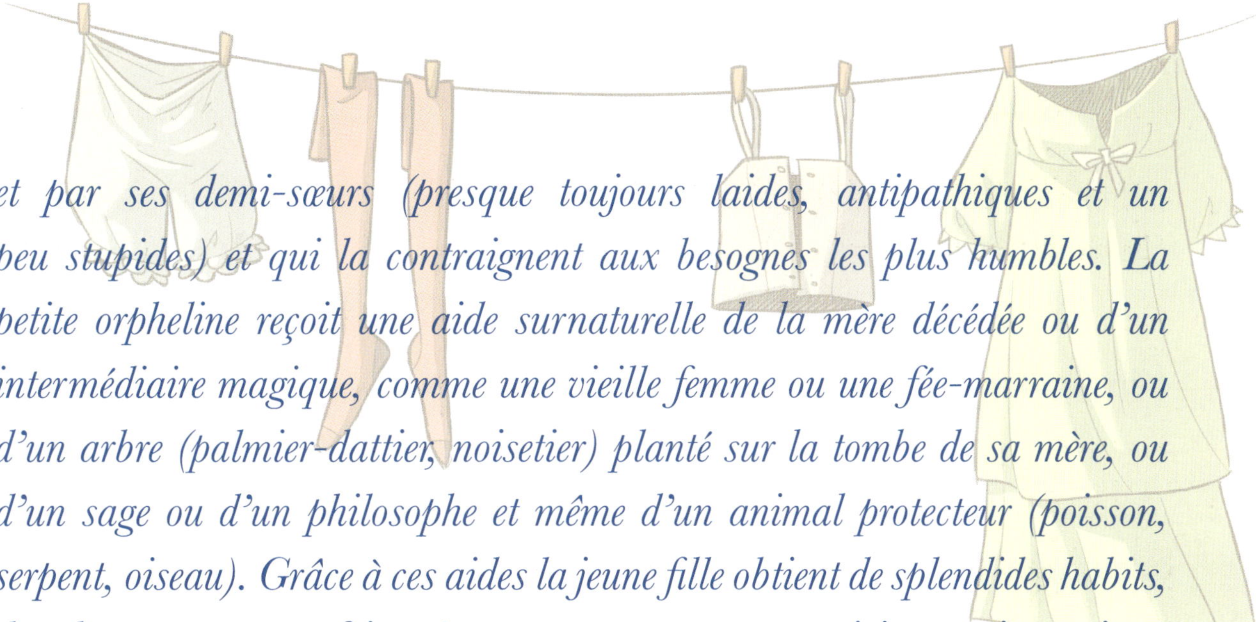

et par ses demi-sœurs (presque toujours laides, antipathiques et un peu stupides) et qui la contraignent aux besognes les plus humbles. La petite orpheline reçoit une aide surnaturelle de la mère décédée ou d'un intermédiaire magique, comme une vieille femme ou une fée-marraine, ou d'un arbre (palmier-dattier, noisetier) planté sur la tombe de sa mère, ou d'un sage ou d'un philosophe et même d'un animal protecteur (poisson, serpent, oiseau). Grâce à ces aides la jeune fille obtient de splendides habits, des chaussures et parfois même un carrosse pour participer en incognito à une fête, un banquet, un bal, auxquels les demi-sœurs ne l'ont pas conviée. Là, elle rencontre son futur époux (qui habituellement est un prince ou un roi) qui tombe éperdument amoureux d'elle. La jeune fille au début fuit le jeune amoureux jusqu'à, malgré les imbroglios des demi-sœurs (qui dans certains cas n'hésitent pas à mutiler leurs pieds pour enfiler la pantoufle magique) ce qu'elle soit reconnue grâce à un objet (pantoufle perdue, bague, bracelet) et puisse convoler en justes noces princières, avec ou sans punition exemplaire de sa belle-famille.

La **Cendrillon** destinée à éclipser toutes les autres et à devenir (de nos jours grâce à la célèbre édition en dessins animés de Walt Disney) la version préférée du public est sans aucun doute la **Cendrillon** de Charles Perrault. C'est Perrault qui a inséré dans le conte de petits éléments qui sont devenus si familiers qu'ils sont indissociables de l'œuvre et la rendent absolument la plus aimée : la bonne fée marraine, la citrouille transformée en carrosse, le retour à la maison au douzième coup de minuit, la pantoufle de vair, le pardon final envers la belle-mère et les demi-sœurs. En réalité la célèbre pantoufle que perd Cendrillon à minuit n'était pas à l'origine, en verre, mais en fourrure d'écureuil. Ce fut une erreur de transcription et d'interprétation qui transforma la pantoufle de vair (fourrure) en verre! Et cette magnifique pantoufle en verre, pour nous symbole de reconnaissance de **Cendrillon**, n'existe en aucune autre version à part dans les versions les plus récentes que nous voyons sur l'écran !

Quand Ferretti décida de se mettre au travail, il s'inspira, sans nul doute, en premier du conte de Perrault, même si à la fin il réalisa un livret d'où émergent d'importantes différences par rapport au texte original ; la différence la plus évidente c'est l'élimination totale de tout élément magique ou surnaturel. Il manque complètement le personnage de la **FÉE MARRAINE**, qui est remplacée par le philosophe **Alidoro**, conseiller du **Prince Ramiro**, deux ex machina de l'histoire entière, celui qui procure à **Cendrillon** l'habit et le carrosse pour se rendre à la fête. Ce choix fut dicté non seulement par le fait qu'il fallait réaliser une histoire qui plaise aux spectateurs mais surtout pour des exigences pratiques : on allait mettre en scène un opéra et le Théâtre Valle, en ce lointain 1817, ne pouvait se permettre "des effets trop spéciaux !". Passer de la fée marraine à un sage conseiller fut une décision vraiment très judicieuse !

Puis, si dans le conte de Perrault, c'est la terrible **BELLE-MÉRE** qui maltraite la belle Cendrillon, Rossini décida de transformer la femme en un beau-père, **Don Magnifico**, un noble bouffe et déchu qui avait gâté ses deux filles et essayait maintenant par n'importe quel moyen de les jeter dans les bras du **Prince** afin que lui aussi puisse retourner à vivre dans le faste et le luxe. Ce choix est lié à l'opéra lyrique, de façon à éviter d'avoir sur scène beaucoup de voix féminines et pour créer un équilibre sonore en harmonie avec l'accompagnement musical de l'orchestre.

Le compositeur, toujours avec Ferretti, décida ensuite d'accorder plus d'importance au **PRINCE**, personnage peu étoffé dans le conte tant et si bien qu'il n'a même pas de nom !

Rossini, lui, veut avant tout faire apparaître sur scène le **Prince** presque au début de l'opéra. **Don Ramiro**, de fait, troque ses habits princiers contre ceux plus simples de son écuyer **Dandini** (un thème cher à Rossini celui de l'échange et qui avait déjà été utilisé par d'autres compositeurs, nous pensons à Mozart avec son *Don Giovanni*) et frappe à la porte de **Don Magnifico**…et c'est là qu'aura lieu la première rencontre entre le **Prince** et **Cendrillon** et non pas au bal, comme le raconte au contraire Perrault et c'est là aussi que jaillira l'étincelle d'amour entre les deux jeunes.

Enfin l'autre élément manquant c'est la si célèbre PANTOUFLE DE VERRE: après la fuite du Palais du Prince, la jeune femme sera reconnue par **Ramiro** grâce à un bijou, une sorte de bracelet, qu'elle-même lui avait donné à l'occasion du bal, accompagnant ce don des paroles suivantes :

Prends. Cherche-moi, et à ma droite le compagnon tu verras.
Et alors…si je ne te déplais pas….alors tu m'auras.

Choix, lui aussi dû, probablement à des exigences scéniques. Comment faire courir une chanteuse avec une seule chaussure ?

Un bracelet c'était mieux !

Ce sont donc les différences principales entre les deux histoires. Dans son avertissement que Ferretti place en tête de son livret, adressé "à ses frères dramaturges et courtois" le poète explique le pourquoi de certains choix :

"Ma pauvre Cendrillon, fille inattendue et travail de peu de jours, je veux vous la recommander, parce que bondissant de la cendre du foyer elle demande un tuteur, et la meilleure solution c'est qu'elle le trouve en vous. Elle veut aussi faire savoir par mon intermédiaire qu'on ne la fasse pas apparaître en compagnie d'un magicien capable de fantasmagories ou d'une chatte qui parle, et qu'elle ne perde pas au bal sa pantoufle (mais plutôt son bracelet) comme au théâtre français ou dans quelque grand théâtre italien, ceci ne doit pas être considéré comme un crime, mais plutôt comme une nécessité pour les scènes du Théâtre Valle, et un respect

par rapport à la délicatesse du goût romain qui ne supporte pas sur scène ce qui peut l'amuser dans une histoire racontée au coin du feu. Dans la précipitation de choisir le thème et de le mettre en scène, pour le présenter de temps en temps en vers au Maestro, j'aurai peut-être ôté la possibilité d'éviter quelques-uns de ces habituels défauts des drames bouffes. Mais votre courtoisie et votre expérience que ne sauront-elles pas pardonner ? Ma Cendrillon vous prie enfin que vous sachiez, en bons tuteurs contrairement à ceux qui ne le savent pas, qu'elle est la fille adoptive et non pas la fille de Don Magnifico et donc elle peut sembler avoir quelques jours de plus que ses deux sœurs, et qu'une des plus fortes raisons qui me persuadèrent de choisir ce sujet fut justement cet air d'ingénue bonté(…)caractère récompensé dans Cendrillon selon la Chronique des fées.
Mes frères ! Je connais la médiocrité de mes vers qui ne sont pas retournés sur l'enclume : mais j'ai la chance de les offrir au moderne Prométhée de l'harmonie, qui saura les réchauffer avec l'étincelle du soleil."

Comme nous l'avons vu, Cendrillon est probablement le plus populaire des contes.

Outre qu'à être le plus raconté, le conte de Cendrillon semble être le plus étudié et le plus réécrit dans les nouvelles populaires. Ce conte est devenu un mythe qui a été consacré et diffusé dans tout le monde grâce au célèbre dessin animé de Walt Disney. Le 12eme dessin animé classique de Disney, tiré du célèbre livre de Charles Perrault, débuta dans les salles américaines le 4 mars 1950 rencontrant un succès inattendu qui donna aux Studios un nouvel éclat dans la période après-guerre.

65 ans après c'est le réalisateur irlandais Kenneth Branagh qui élaborera en version cinématographique le conte porté sur les écrans par Walt Disney : "Réussir à apporter quelque chose de nouveau en qualité de réalisateur- dit Branagh- en rendant justice aussi aux moment les plus emblématiques du conte, a été pour moi un défi merveilleux".

Et nous n'avons parlé que de quelques adaptations du conte original…

Il s'agit donc d'un grand classique, qui a exercé et continue d'exercer son charme sur les générations de jeunes lecteurs, peut-être pour son universalité et la magie des thèmes abordés :

c'est un conte qui parle de désirs qui se réalisent, de personnes humbles qui seront rehaussées, de la vertu qui sera récompensée et de la méchanceté punie ou pardonnée…

PRÉPARE TON SPECTACLE
COSTUMES ET ACCESSOIRES

Découvrons dans les pages suivantes
comment réaliser quelques éléments du spectacle
qui vous aideront à devenir les acteurs de l'opéra …

DAMES ET CAVALIERS

QUE PORTER

POUR LES FILLES :

Si vous êtes invitées par le Prince en personne à un bal dans son palais, il vous faut porter un habit adéquat !
Prenez un t-shirt blanc et une jupe large. Sandales ou chaussures de sport blanches.
Utilisez comme toujours UNIQUEMENT des vêtements que vous avez déjà à la maison et rappelez-vous de porter tous vos colliers et bijoux de pacotille !

POUR LES GARÇONS:

Pour accompagner vos dames au bal, vous devez vous montrer à la hauteur de leur élégance ! Vous devrez être de parfaits cavaliers…
Vous porterez un T-shirt noir à manches longues et un pantalon noir avec des chaussettes longues et noires. Chaussures foncées. Utilisez comme toujours UNIQUEMENT des vêtements que vous avez déjà à la maison.

QUE PRÉPARER

Suivez nos suggestions et amusez-vous à réaliser quelques simples éléments de costume et d'accessoires. N'utilisez que du matériel récupéré que vous trouvez à l'école ou à la maison, libérez votre fantaisie et votre imagination et amusez-vous avec vos amis à entrer dans le vif du spectacle !

- Jupe et décoration cheveux pour les filles
- T-shirt avec fermoir brandebourg pour les garçons
- Gâteaux de mariage
- Mouchoirs avec armoiries

MATÉRIEL

- serviettes de table bleue
- Papier crépon bleu (facultatif)
- Ruban bleu pour cadeau largeur minimum 3 cm
- Ruban doré pour cadeau
- Une écharpe légère ou un foulard que
- vous avez chez vous
- Serre-tête pour les cheveux
- Colliers et bracelets de pacotille que vousavez déjà à la maison

Pour les gâteaux:

- Boîtes à chaussures carrées ou rectangulaires
- Rubans de couleurs
- Boutons de différentes formes et couleurs
- Restes de laine de couleurs différentes
- Papier crépon de couleur
- Décorations variées
- poudre de paillettes

Colle à chaud
Paire de ciseaux à bouts arrondis
Agrafeuse

LES DAMES

Préparons ensemble votre robe de bal, elle sera magnifique!

Coupez une longueur de ruban bleu qui soit le double de votre tour de taille.

Maintenant prenez les serviettes bleues, saupoudrez-les de poudre de paillettes et fixez-les par un coin à votre ceinture avec l'agrafeuse.

Vous pouvez même faire deux tours de serviettes pour rendre votre jupe encore plus élégante!

Puis avec le ruban bleu et le papier crépon réalisez plusieurs nœuds que vous appliquerez au col de votre T-shirt.

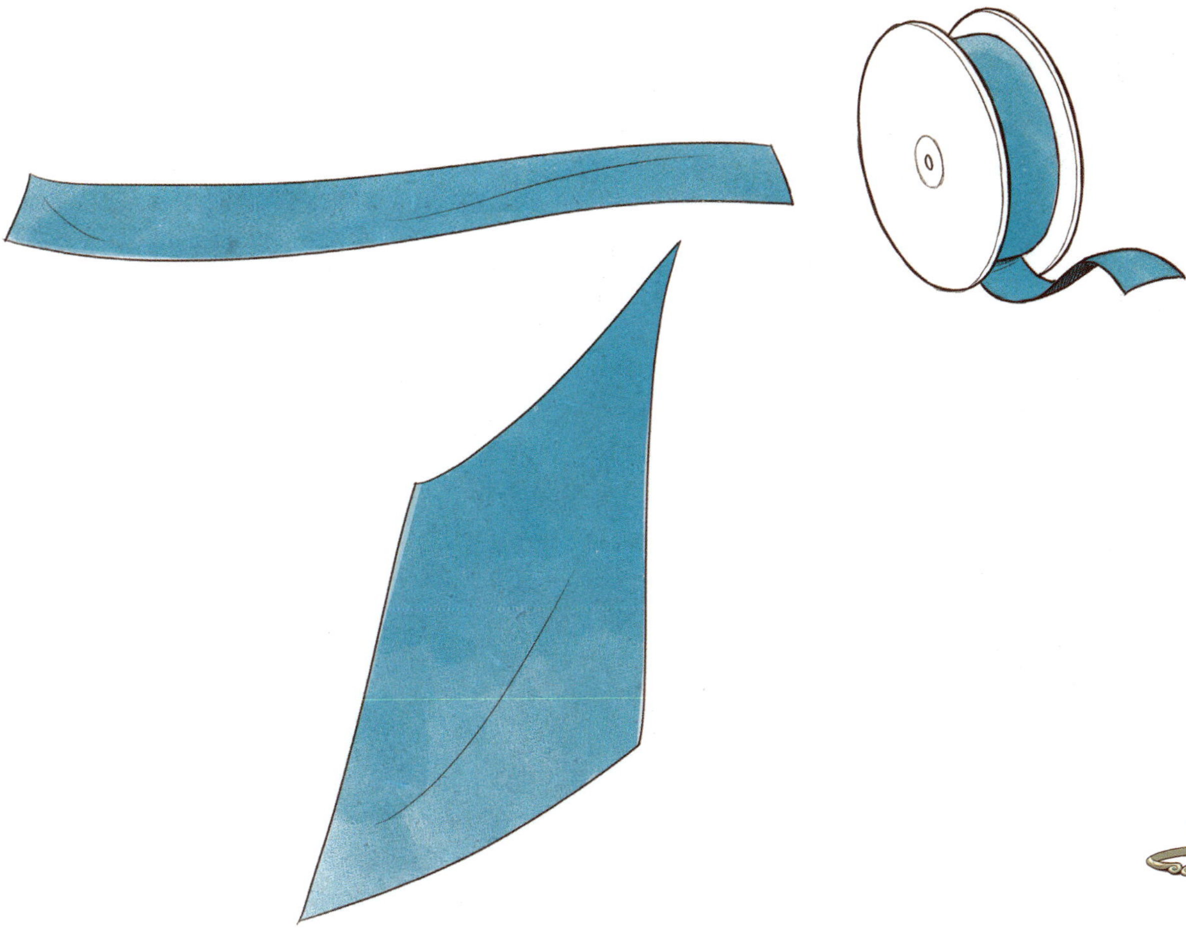

COIFFURE :

Faites-vous beaucoup de bouclettes !

Une touche supplémentaire: prenez un simple serre-tête, recouvrez-le avec du ruban bleu et décorez-le avec des fleurs, des plumes et des nœuds.

UNE IDÉE SUPPLÉMENTAIRE :

Portez des gants sans doigts que vous pourrez obtenir à partir de vieux leggings ou de collants clairs

HABIT POUR LES CAVALIERS

Pour la casaque du cavalier prenez un ruban bleu et décorez votre T-shirt suivant le dessin de la page à côté.

Pour le cou portez une écharpe de soie légère ou un foulard que vous avez à la maison.

Appliquez le ruban bleu même sur le bord des chaussettes longues et noires que vous enfilerez au-dessus de votre pantalon.

Une idée de plus: coiffez vos cheveux en arrière et, si vous voulez, mettez-vous du gel comme si vous alliez à une fête !

MOUCHOIR AVEC INITIALE !

C'est vraiment très facile à faire.
Prenez un mouchoir en papier bleu et garnissez le bord avec du ruban doré, en vous faisant aider par un adulte pour la colle à chaud.
Dessinez sur un angle l'initiale de votre nom, recouvrez-la avec un peu de colle et parsemez-la de poudre de paillettes. Attendez que tout sèche et le mouchoir à votre initiale est prêt !

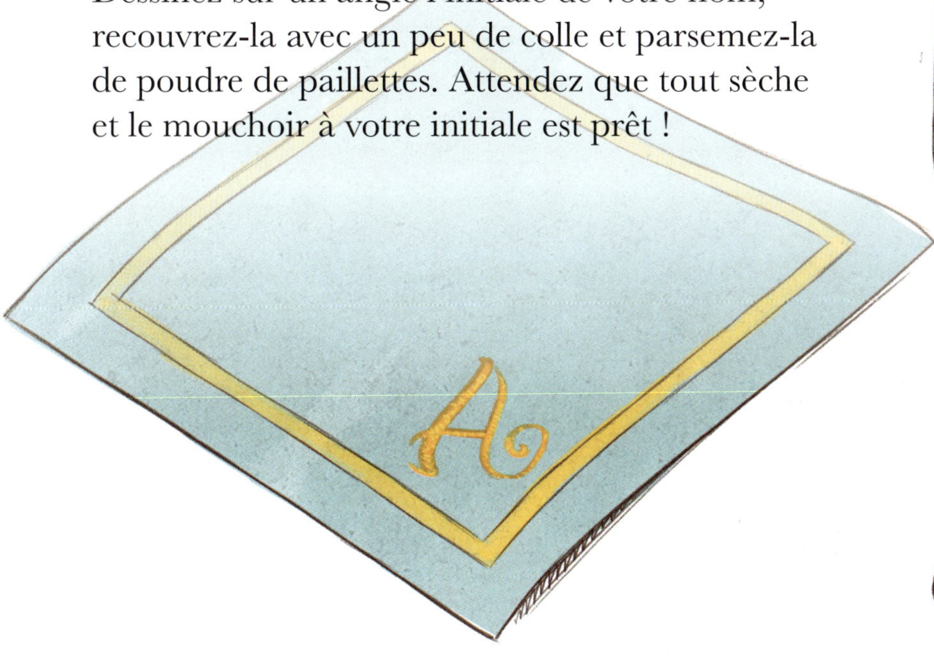

GÂTEAU ROND

Prenez un plateau à gâteau en carton de forme ronde. Collez dessus de nombreux rouleaux de papier toilette (vides et coloriés selon votre fantaisie), comme sur l'exemple, en créant au moins trois étages superposés. Prenez trois types différents de ruban coloré et entourez chaque couche avec un ruban de couleur et avec des décorations différentes.
Terminez la partie supérieure avec de petites roses en papier, de petites peluches déjà utilisées, des rubans, des nœuds et tout ce que vous dicte votre fantaisie !
Si vous préférez vous pouvez utiliser toujours la même couleur pour toutes vos décorations.

GÂTEAU RECTANGULAIRE

Prenez 2 boîtes à chaussures de dimensions différentes : une plus grande que l'autre et collez-les, en les superposant. Recouvrez-les avec du papier de couleur ou peignez-les à votre guise. Décorez-les avec de petites roses sur le sommet et aux angles, sinon décorez-les avec des rubans et des nœuds, vous pouvez suivre votre fantaisie et utilisez tout ce qui vous plaît!

LES PARTITIONS

Trace 1
Una volta c'era un Re

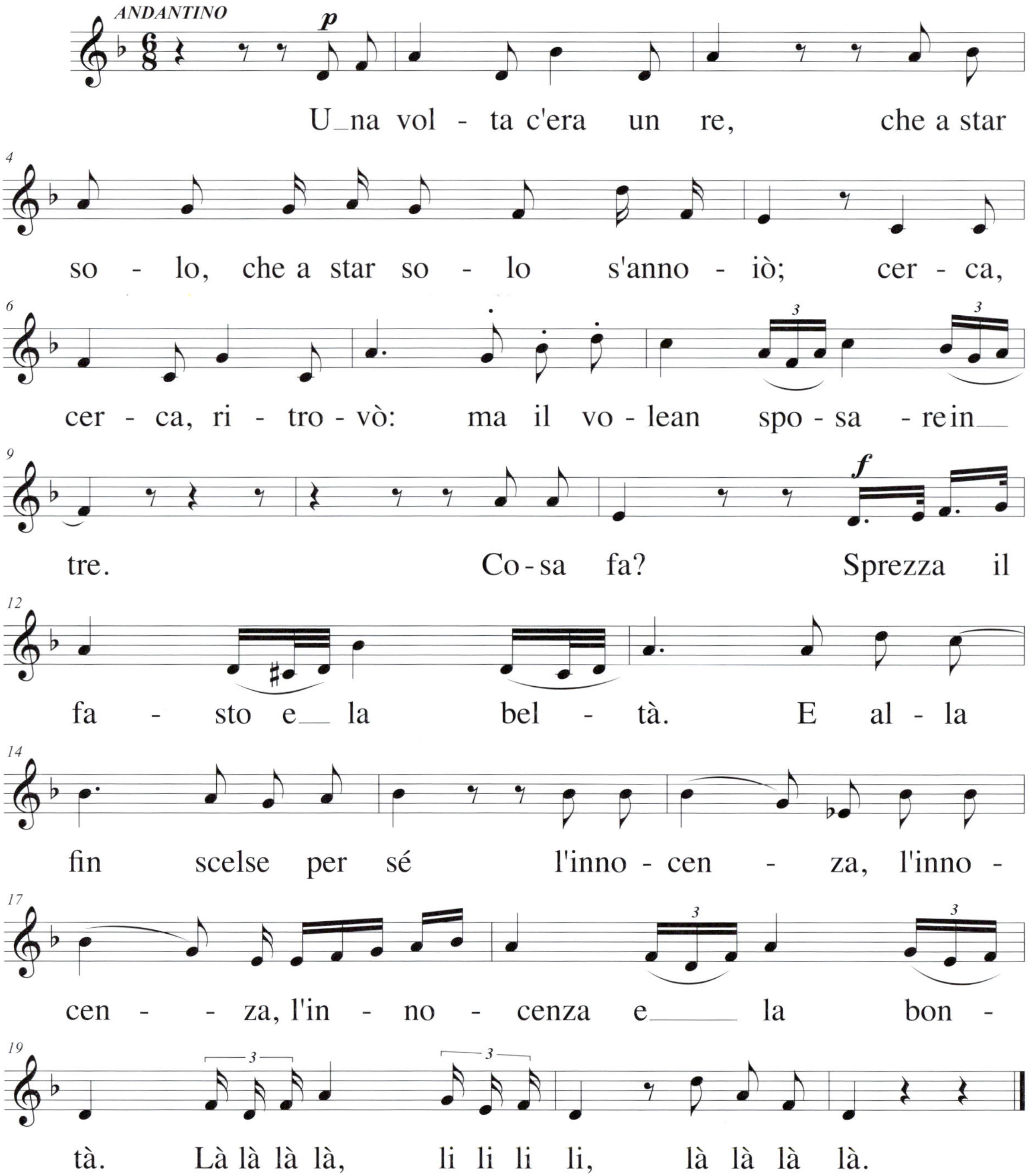

TRACE 1
UNA VOLTA C'ERA UN RE

Una volta c'era un Re,
Che a star solo,
che a star solo s'annoiò:
Cerca, cerca, ritrovò;
Ma il volean sposare in tre.
Cosa fa?
Sprezza il fasto e la beltà.
E alla fin sceglie per sé
L'innocenza, l'innocenza,
l'innocenza e la bontà.
La la la là,
li li li lì,
la la la là

Il était une fois un roi...
Il était une fois un roi
las de vivre seul.
À force de chercher,
il trouva.
Mais elles étaient trois à
vouloir l'épouser.
Que fit-il ?
Dédaignant le faste
et la beauté,
il choisit l'innocence
et la bonté

Trace 2
O figlie amabili

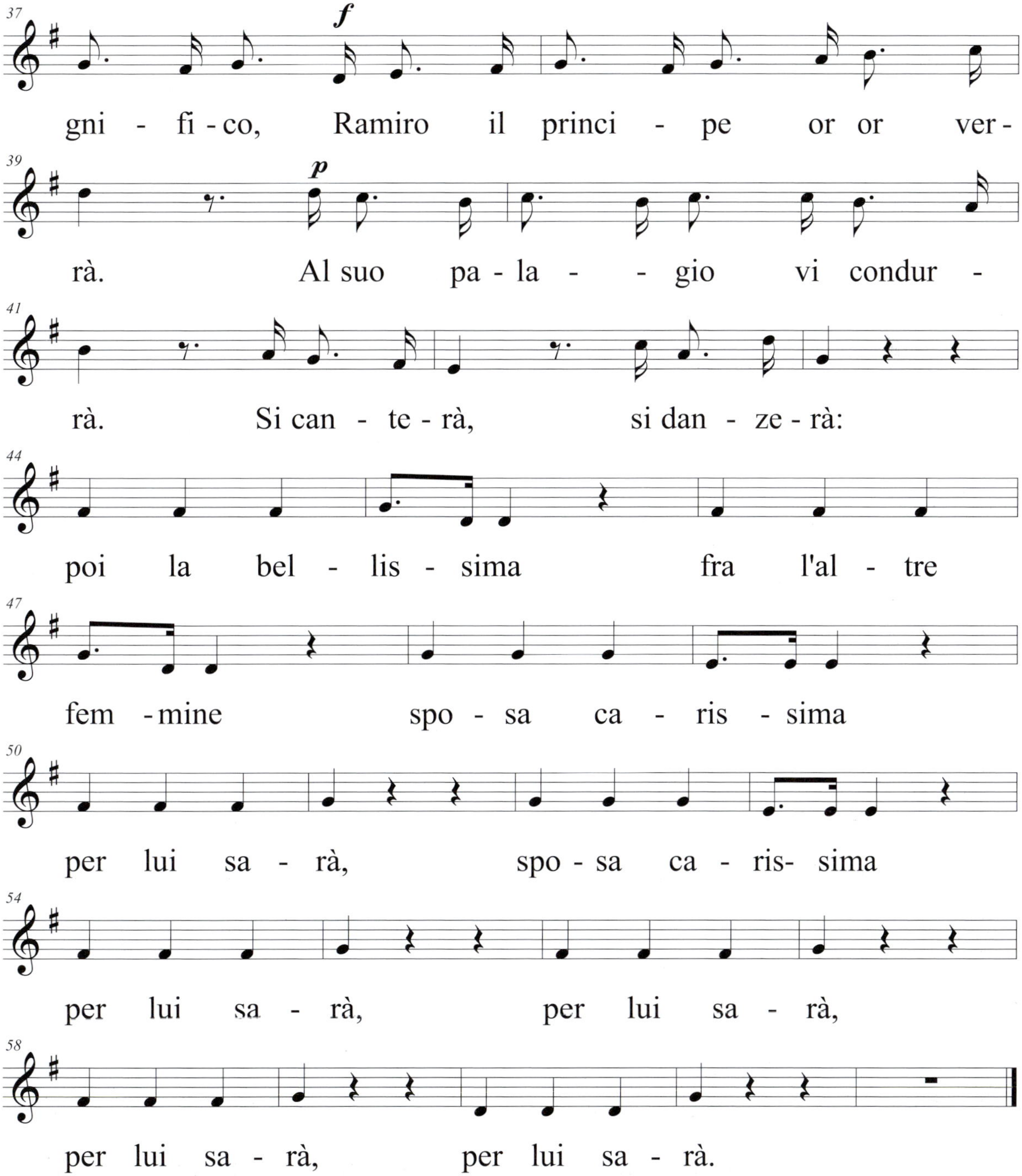

37
f
gni - fi - co, Ramiro il princi - pe or or ver-
39
p
rà. Al suo pa - la - - gio vi condur -
41
rà. Si can - te - rà, si dan - ze - rà:
44
poi la bel - lis - sima fra l'al - tre
47
fem - mine spo - sa ca - ris - sima
50
per lui sa - rà, spo - sa ca - ris- sima
54
per lui sa - rà, per lui sa - rà,
58
per lui sa - rà, per lui sa - rà.

TRACE 2
O FIGLIE AMABILI

CORO

O figlie amabili

Di Don Magnifico,

Ramiro il Principe

Or or verrà,

Al suo palagio Vi condurrà.

Si canterà, Si danzerà:

Poi la bellissima

Fra l'altre femmine

Sposa carissima

Per lui sarà.

O figlie amabili

Di Don Magnifico,

Ramiro il Principe

Or or verrà,

Al suo palagio Vi condurrà.

Si canterà, Si danzerà:

Poi la bellissima

Fra l'altre femmine

Sposa carissima Per lui sarà.

Sposa carissima Per lui sarà.

Per lui sarà.

Per lui sarà.

Per lui sarà.

CORO

Or or verrà.

CORO

Si sceglierà

si sceglierà,

si sceglierà!

CHŒUR

Charmantes filles

de Don Magnifico,

le prince Ramiro

va arriver sous peu.

Il vous conduira

dans son palais

où l'on va chanter

et danser.

Et puis il fera

de la plus belle de toutes

son épouse bien-aimée.

TRACE 3
CENERENTOLA VIEN QUA...

22
Que - sto é pro - prio u - no stra-paz - zo,
26
mi vo - le - te far cre - par sì mi vo -
31
le - te far cre - par, sì mi vo - le - te,
36
mi vo - le - te far cre - par
40
questo é pro-prio uno stra - paz-zo, mi vo-le-te far cre-
43
par, chi alla-festa, chi al sol - laz-zo,
46
ed io resto qui a sof-fiar chi alla fe-sta, chi al sol-laz-zo
50
ed io res - to qui a sof - fiar, chi alla fe-sta,chi al sol -
52
laz - zo, chi alla fe-sta,chi al sol - laz - zo, chi alla fes - ta, chi al sol-
54
laz - zo, ed io res - to qui a sof - fiar sì a

58
sof - fiar ed io re - sto qui a sof -
63
fiar, chi al - la fe - sta, chi al sol -
64
laz - zo, chi alla fe - sta, chi al sol -
65
laz - zo, chi alla fe - sta, chi al sol -
66
laz - zo, ed io re - sto qui a sof -
67
fiar sì a sof – – - fiar, ed io re - sto
74
qui a sof - fiar io qui a sof - fiar io qui a sof -
79
fiar a sof-fiar a sof-fiar a sof-fiar a sof-fiar.

TRACE 3
CENERENTOLA VIEN QUA...

CORO

Cenerentola vien qua.
Cenerentola vien qua.
Cenerentola vien qua.
Cenerentola vien qua.
Le mie scarpe, il mio bonné.
Le mie scarpe, il mio bonné.
Cenerentola vien qua.
Cenerentola vien qua.
Le mie penne, il mio collié.
Le mie penne, il mio collié
Cenerentola vien qua.
Cenerentola va' là.
Cenerentola va' su.
Cenerentola vien giù.
Cenerentola vien giù.

Cenerentola va' là.
Cenerentola va' su.
Cenerentola vien giù.
Questo è proprio uno strapazzo!
Mi volete far crepar? Sì
Mi volete far crepar. Sì,
Mi volete, mi volete
far crepar
Questo è proprio uno strapazzo
Mi volete far crepar
Chi alla festa, chi al sollazzo
Ed io resto qui a soffiar.
Chi alla festa chi al sollazzo
ed io resto qui a soffiar,
Chi alla festa, chi al sollazzo

Chi alla festa, chi al sollazzo

Chi alla festa, chi al sollazzo

Ed io resto qui a soffiar.

Sì, a soffiar,

Ed io resto qui a soffiar.

Chi alla festa, chi al sollazzo

Chi alla festa, chi al sollazzo

Chi alla festa, chi al sollazzo

Ed io resto qui a soffiar.

Sì, a soffiar,

Ed io resto qui a soffiar

Io qui a soffiar

Io qui a soffiar

a soffiar, a soffiar, a soffiar, a soffiar

(FILLES – GARÇONS- TOUS)

Cenerentola, viens ici !

Mes souliers, ma coiffe !

Cenerentola, Cenerentola !

Mes aigrettes, mon collier !

Mon esprit est en feu.

Je suis la plus belle !

Je l'emporterai !

Avec un sourire je séduirai

Don Ramiro !

Cenerentola viens ici, va là !

Cenerentola monte là-haut,

descends ici !

Quelle fatigue !

Vous voulez ma mort ?

Elles vont s'amuser,

et je reste ici à souffler sur le feu.

TRACE 4
SCEGLI LA SPOSA AFFRETTATI...

TRACE 4 SCEGLI LA SPOSA AFFRETTATI...

CORO

Scegli la sposa, affrettati:
S'envola via l'età.
La principesca linea.
Se no s'estinguerà.
s'estinguerà.s'estinguerà,
s'estinguerà.

CHŒUR

Hâte-toi de choisir une épouse...
Hâte-toi de choisir une épouse sinon la famille princière s'éteindra.

Trace 5
Conciosiacosacchè

48
in - ten-den - te dei bic - chier con e-
53
stesa au - to - ri - tà, pre-si-dente al vendem - miar, reggi -
58
tor dell'e - vo - è; on - de tut - ti, on - de
62
tut-ti in tor-no a te ci af-fol -lia-mo, ci af-fol-lia-mo qui a sal-
67
tar, on - de tut - ti intor - no a te or ci af - fol -
70
f
lia - mo qui a sal - tar, ci af-fol-lia - mo qui a sal-
73
tar, ci af - fol-lia - mo qui a sal - tar, ci af-fol-
76
lia - mo qui a sal-tar, ci af-fol-lia - mo qui a sal - tar.

TRACE 5
CONCIOSIACOSACCHÉ

CORO

Conciosiacosacché
Trenta botti già gustò!
E bevuto ha già per tre
E finor non barcollò!
E finor non barcollò!
E finor non barcollò!
non barcollò! non barcollò!
non barcollò! non barcollò!
É piaciuto a Sua Maestà
Nominarlo cantinier.
Intendente dei bicchier
Con estesa autorità.
Presidente al vendemmiar.
Direttor dell'evoè;
Onde tutti,
Onde tutti intorno a te
Ci affolliamo,
Ci affolliamo qui a saltar.
Onde tutti intorno a te
Ci affolliamo qui a saltar
Ci affolliamo qui a saltar
Ci affolliamo qui a saltar
Ci affolliamo qui a saltar
Ci affolliamo qui a saltar

TRACE 5
CONCIOSIACOSACCHÉ

CHŒUR

Puisqu'il a goûté
à trente barriques
et qu'il a bu comme quatre...
et qu'il est toujours ferme
sur ses jambes...
Sa Majesté a eu le plaisir
de le nommer sommelier...
surintendant des verres aux
pouvoirs illimités...
président des vendanges,
directeur des libations.
C'est pourquoi nous
t'entourons pour nous
livrer à la danse !

Trace 6
IL PRANZO IN ORDINE ANDIAMO A METTERE

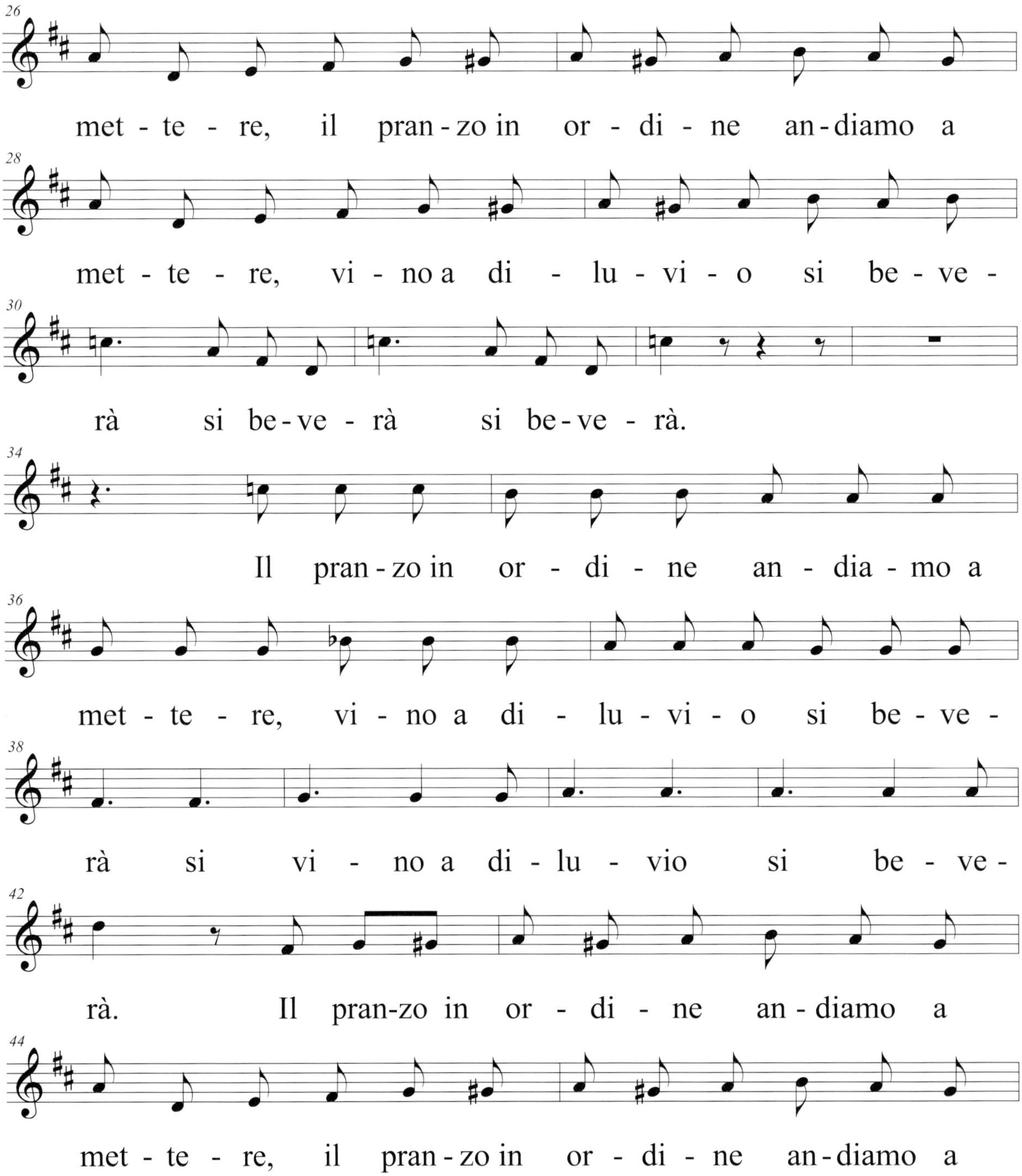
26
met - te - re, il pran - zo in or - di - ne an - diamo a
28
met - te - re, vi - no a di - lu - vi - o si be - ve -
30
rà si be - ve - rà si be - ve - rà.
34
Il pran - zo in or - di - ne an - dia - mo a
36
met - te - re, vi - no a di - lu - vi - o si be - ve -
38
rà si vi - no a di - lu - vio si be - ve -
42
rà. Il pran-zo in or - di - ne an - diamo a
44
met - te - re, il pran - zo in or - di - ne an - diamo a

met - te - re, vi - no a di - lu - vi - o si be - ve -
rà, si be - ve - rà, si be - ve - rà,
Il pran-zo in or - di - ne an-diamo a
met - te - re, vi - no a di - lu - vi - o si be - ve -
rà, si vi - no a di - lu - vio si be - ve -
rà, si be - - - ve - - - rà,
si be - - - ve - - - rà, si be - ve -
rà, si be - ve - rà, si be - ve - rà, si be - ve - rà

TRACE 6
IL PRANZO IN ORDINE
ANDIAMO A METTERE

CORO

Il pranzo in ordine
Andiamo a mettere.
Andiamo Andiamo a mettere
Vino a diluvio si beverà.
Si beverà. Si beverà.
Vino a diluvio si beverà.
Si beverà. Si beverà.
Andiam, andiam ,andiam
Andiam andiam
Il pranzo in ordine
Andiamo a mettere.
Il pranzo in ordine
Andiamo a mettere.
Vino a diluvio si beverà.
Si beverà. Si beverà.
Il pranzo in ordine
Andiamo a mettere.
Vino a diluvio si beverà.
Si. Vino a diluvio si beverà.
Il pranzo in ordine
Andiamo a mettere.
Il pranzo in ordine
Andiamo a mettere.
Vino a diluvio si beverà.
Si beverà. Si beverà.
Il pranzo in ordine
Andiamo a mettere.
Vino a diluvio si beverà.
Si. Vino a diluvio si beverà.
Si beverà. Si beverà.
Si beverà. Si beverà.
Si beverà. Si beverà.

CHŒUR

Allons surveiller les préparatifs du dîner !

Allons préparer le dîner !

Le vin va couler à flots

Trace 7
Zitto, zitto, piano piano

41
8
piano: del- le due qual è l'u - mo-re? Esat-tez-za e ve ri-
43
8
tà, e - sattezza e-sat - tezza esattezza e veri - tà, e - satezza e-sat-
46
8
tez- za e - sattezza e ve - ri- tà, e - sat - tezza e - sat -
48
8
4
tezza e - sattezza e ve ri- tà.
54
p
Sotto voce, a mezzo to-no, in e - stre - ma con - fi -
58
denza, sotto voce a mezzo tono, in e -
61
cresc.
stre - ma con - fi - denza, sono un mi - sto d'in - do -
64
len - za, di ca - pric - ci e va - ni - tà: sot-to vo-ce, sot-to

vo - - - ce, sot - to vo - ce, sot - to vo - - -
ce, in estrema con -fi - den -za, in e- stre - ma con- fi-
den-za, sono un mi- sto d'inso - len-za, di ca -pric-cio e va-ni-
tà, sotto voce, sot -to vo-ce: so-no un misto d'inso -
len-za, di ca-pric- cio e va- ni - tà, di capriccio, di ca -
priccio, di capriccio e va - ni - tà, di capriccio, di ca -
priccio, di capriccio e va - ni - tà, di capriccio, di ca -
priccio, di capric- cio e va - ni - tà.

TRACE 7
ZITTO, ZITTO, PIANO PIANO

RAMIRO

Zitto, zitto, piano piano;
Senza strepito e rumore:
Zitto zitto, piano piano;
Senza strepito e rumore:
Delle due qual è l'umore?
Esattezza e verità.
piano piano piano piano
piano piano piano piano
Senza strepito e rumore:
Senza strepito e rumore:
Delle due qual è l'umore?
Esattezza e verità.
Zitto zitto, piano piano;
Delle due qual è l'umore?
Esattezza e verità.
Esattezza, esattezza,
esattezza e verità
Esattezza, esattezza,
esattezza e verità
Esattezza, esattezza,
esattezza e verità

DANDINI

Sotto voce a mezzo tono;
In estrema confidenza:
Sotto voce a mezzo tono;
In estrema confidenza:
Sono un misto d'insolenza,
Di capriccio e vanità.
Sotto voce Sotto voce
Sotto voce Sotto voce
In estrema confidenza:
In estrema confidenza:
Sono un misto d'insolenza,
Di capriccio e vanità-
Sotto voce Sotto voce
Sono un misto d'insolenza,
Di capriccio e vanità.
Di capriccio Di capriccio
Di capriccio e vanità
Di capriccio Di capriccio
Di capriccio e vanità
Di capriccio Di capriccio
Di capriccio e vanità

TRACE 7
ZITTO, ZITTO, PIANO PIANO

RAMIRO (À VOIX BASSE)

Doucement!

Dis-moi tout bas...

Comment sont-elles?

Ton avis franc?

Doucement!

Pas de bruit !

DANDINI (À VOIX BASSE)

Je vous le dis tout bas,

en confidence...

Elles sont un mélange

d'insolence,

de caprice et de vanité.

Trace 8
Abbia sempre pronti in sala...

174

12
ti, poi carroz - ze, e sei lac - chè.
15
Vi ri - spon - do senza ar - ca - ni che noi siamo assai lon -
17
ta - ni, che noi siamo assai lon -
18
ta - ni; io non u - so far de'
19
pranzi, mangio sempre de - gli a -
20
vanzi, non m'acco - - sto a gran si -
21
gnori, tratto sempre servi - - -
22
tori, me ne va - do sem - pre a piè.

175

TRACE 8
ABBIA SEMPRE PRONTI IN SALA...

DON MAGNIFICO,

Abbia sempre pronti in sala
Trenta servi in piena gala,
Cento sedici cavalli,
Cento sedici cavalli,
Duchi, conti e marescialli
A dozzine convitati,
Pranzi sempre coi gelati
Poi carrozze, e sei lacchè.

DANDINI

Vi rispondo senza arcani
Che noi siamo assai lontani.
Che noi siamo assai lontani.
Io non uso far de' pranzi;
Mangio sempre degli avanzi.
Non m'accosto a gran signori,
Tratto sempre servitori.
Me ne vado sempre a pie'

DON MAGNIFICO,

Il faut, au palais, trente
laquais en livrée,
cent seize chevaux... des
nobles invités
par douzaines,
des glaces
à tous les dîners.

DANDINI

Je vous réponds sans détour
que nous sommes
bien différents.
Je ne donne jamais de dîners.
Je mange toujours
les restes et ne fréquente
que les domestiques.

Trace 9
Questo è un nodo avviluppato

11
cia - to. Ques - sto è un no - do av - vi - lup -
12
pa - to, que - sto è un grup - po rin - trec -
13
cia - to, chi svi - lup - pa più vi - lup - pa, chi più sgrup-pa più ra -
15
grup - pa, ed in - tan - to la mia te - sta vo - la vo - la e poi s'ar -
17
re - sta, vo ten-ton per l'a - ria scu - ra e co-min-cio a de-li - rar
20
2
Ques - sto è un no - do av - vi - lup -
23
pa - to, que - sto è un grup - po rin - trec -
24
cia - to. Ques - sto è un no - do av- vi - lup -

pa - to, que - sto è un grup - po rin - trec -
cia - to, chi svi - lup - pa più in - vi -
lup - pa, chi più sgrup - pa più ra -
grup - pa, ed in - tan - to la mia
te - sta vo - la vo - la e poi s'ar -
re - sta, vo - la vo - la e poi s'ar - re - sta, in - co - min - cio a de - li -
rar a de - li - rar a de - li - rar a de - li - rar a de - li -
rar de - li - rar de - li - rar de - li - rar de - li - rar

TRACE 9
QUESTO È UN NODO AVVILUPPATO

CORO

Questo è un nodo avviluppato,
Questo è un gruppo rintrecciato.
Questo è un nodo avviluppato,
Questo è un gruppo rintrecciato.
Questo è un nodo avviluppato,
Questo è un gruppo rintrecciato
Questo è un nodo avviluppato,
Questo è un gruppo rintrecciato.

Questo è un nodo avviluppato,
Questo è un gruppo rintrecciato.
Chi sviluppa più inviluppa,
Chi più sgruppa, più raggruppa;
Ed intanto la mia testa
Vola, vola e poi s'arresta;
Vo tenton per l'aria oscura,
E comincio a delirar.

TRACE 9
QUESTO È UN NODO AVVILUPPATO

CLORINDA, TISBE, CENERENTOLA, RAMIRO, DANDINI e **DON MAGNIFICO,**

Questo è un nodo avviluppato,

Questo è un gruppo rintrecciato.

Questo è un nodo avviluppato,

Questo è un gruppo rintrecciato.

Chi sviluppa più inviluppa,

Chi più sgruppa, più raggruppa

Ed intanto la mia testa

Vola, vola e poi s'arresta;

Vola, vola e poi s'arresta;

incomincio a delirar.

a delirar, a delirar. a delirar, a delirar.

Delirar, delirar, delirar, delirar.

Delirar, delirar, delirar, delirar.

CLORINDA, TISBE, CENERENTOLA, RAMIRO, DANDINI e **DON MAGNIFICO,**

Que va-t-il arriver ?

Voilà une histoire

bien compliquée,

une intrigue enchevêtrée.

Plus on la démêle,

plus on l'emmêle !

Ma raison me quitte et

s'envole au loin.

Dans le brouillard,

je délire peu à peu.

TRACE 10
DELLA FORTUNA INSTABILE...

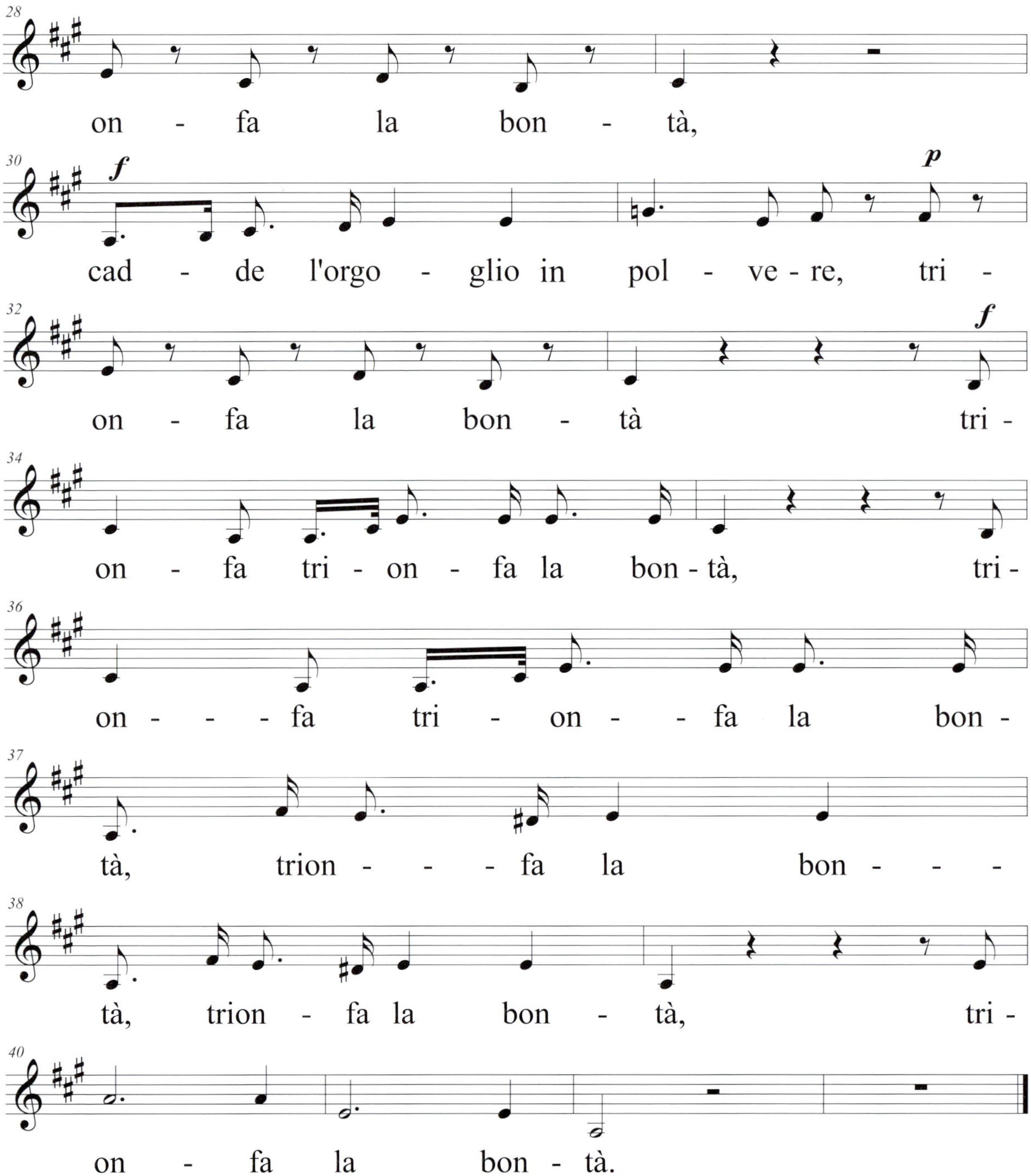
on - fa la bon - tà,
cad - de l'orgo - glio in pol - ve - re, tri -
on - fa la bon - tà tri -
on - fa tri - on - fa la bon - tà, tri -
on - - - fa tri - on - - fa la bon -
tà, trion - - - fa la bon - - -
tà, trion - fa la bon - tà, tri -
on - fa la bon - tà.

TRACE 10
DELLA FORTUNA INSTABILE...

CORO

Della fortuna instabile

La revolubil ruota

Mentre ne giunge al vertice

Per te s'arresta immota.

Cadde l'orgoglio in polvere,

Trionfa la bontà.

Cadde l'orgoglio in polvere,

Trionfa la bontà.

Cadde l'orgoglio in polvere,

Trionfa la bontà.

Trionfa, Trionfa la bontà.

Trionfa, Trionfa la bontà.

Trionfa la bontà.

Trionfa la bontà.

Trionfa la bontà.

CHŒUR

La roue de la Fortune

capricieuse s'arrête pour toi.

L'orgueil tombe en poussière.

La bonté triomphe.

Trace 11
Degna del tron tu sei

Cenerentola: Non più mesta accanto al fuoco starò sola a gorgheggiar, no.
Ah fu un lampo, un sogno, un giuoco il mio lungo palpitar.
alfin di so-spi-rar.
Tut-to can - gia a po-co a po - co, ces-sa
alfin di so-spi-rar.
Tut - to can -gia a po - co a po - co, ces - sa
alfin di so - spi - rar, sì, tut - to can - gia a po - co
a po - co, ces - sa alfin di so spi rar di so - spi -
rar, sì tut - to can - gia a po - co a po - co, ces - sa
alfin di so - spi - rar, sì tut - to can - gia a po - co

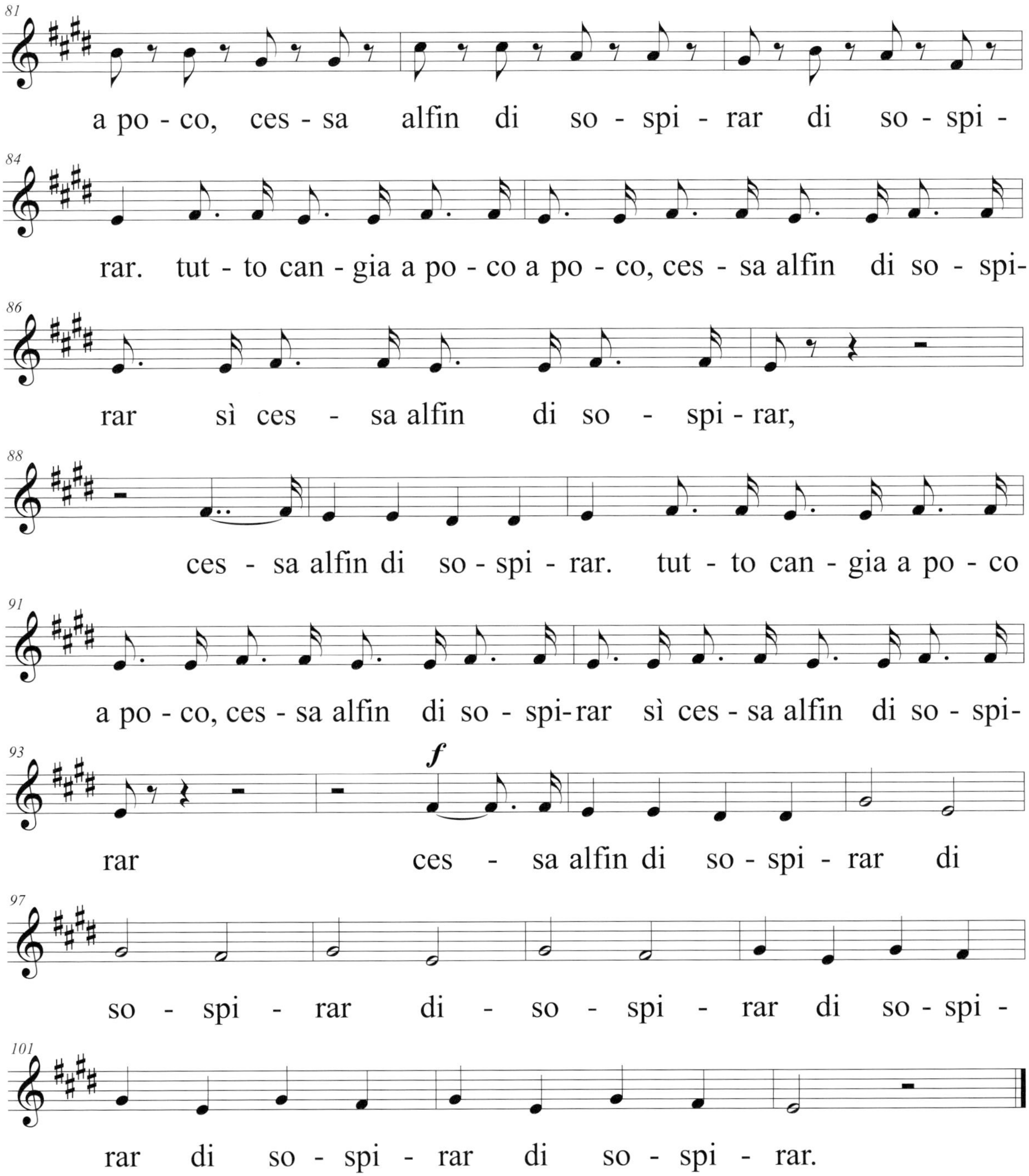
a po - co, ces - sa alfin di so - spi - rar di so - spi -
rar. tut - to can - gia a po - co a po - co, ces - sa alfin di so - spi-
rar sì ces - sa alfin di so - spi - rar,
ces - sa alfin di so - spi - rar. tut - to can - gia a po - co
a po - co, ces - sa alfin di so - spi-rar sì ces - sa alfin di so - spi-
rar ces - sa alfin di so - spi - rar di
so - spi - rar di - so - spi - rar di so - spi -
rar di so - spi - rar di so - spi - rar.

TRACE 11
DEGNA DEL TRON TU SEI

CORO

Degna del tron tu sei

Degna del tron tu sei

Ma è poco un trono a te.

Ma è poco un trono a te.

Sì, Degna del tron tu sei

Ma è poco, è poco

un trono a te

È poco un trono a te,

un trono a te, a te,

un trono a te, a te.

È un nume, è un nume

CORO

Tutto cangia

a poco a poco

Cessa alfin di sospirar.

CORO

Tutto cangia

a poco a poco

Cessa alfin di sospirar.

CORO

Tutto cangia a poco a poco
Cessa alfin di sospirar.
Si, Tutto cangia a poco a poco
Cessa alfin di sospirar, di sospirar.
Si, Tutto cangia a poco a poco
Cessa alfin di sospirar
Si, Tutto cangia a poco a poco
Cessa alfin di sospirar, di sospirar.
Tutto cangia a poco a poco
Cessa alfin di sospirar
Sì, cessa alfin di sospirar
Cessa alfin di sospirar
Tutto cangia a poco a poco
Cessa alfin di sospirar.
Sì, cessa alfin di sospirar
Cessa alfin di sospirar
Di sospirar, di sospirar,
di sospirar, di sospirar,
di sospirar, di sospirar.

TRACE 11
DEGNA DEL TRON TU SEI

CHŒUR

Elle m'émeut !

C'est une déesse à mes yeux.

Tu es digne du trône.

Mais un trône

est peu de chose

pour toi.